基业长青

韩龙男 著

BUILT TO LAST

民营企业高质量发展路径思考

EXPLORING THE PATH TO HIGH-QUALITY
DEVELOPMENT OF PRIVATE ENTERPRISES

◎ 分析全球营商环境　◎ 介绍国外企业真经
◎ 探究企业发展路径　◎ 助力企业基业长青

企业管理出版社
ENTERPRISE MANAGEMENT PUBLISHING HOUSE

图书在版编目（CIP）数据

基业长青：民营企业高质量发展路径思考 / 韩龙男著 . — 北京：企业管理出版社, 2023.11
ISBN 978-7-5164-3030-9

Ⅰ.①基… Ⅱ.①韩… Ⅲ.①民营企业 – 企业发展 – 研究 – 中国 Ⅳ.① F279.245

中国国家版本馆 CIP 数据核字（2024）第 026409 号

书　　名：	基业长青：民营企业高质量发展路径思考
书　　号：	ISBN 978-7-5164-3030-9
作　　者：	韩龙男
策　　划：	杨慧芳
责任编辑：	杨慧芳
出版发行：	企业管理出版社
经　　销：	新华书店
地　　址：	北京市海淀区紫竹院南路 17 号　邮编：100048
网　　址：	http://www.emph.cn　电子信箱：314819720@qq.com
电　　话：	编辑部（010）68420309　发行部（010）68701816
印　　刷：	北京亿友数字印刷有限公司
版　　次：	2024 年 4 月第 1 版
印　　次：	2024 年 4 月第 1 次印刷
开　　本：	710mm×1000mm　1/16
印　　张：	13 印张
字　　数：	197 千字
定　　价：	59.00 元

版权所有　　翻印必究·印装有误　　负责调换

推荐序一

中国民营经济从小到大、从弱到强的过程是思想不断解放、政策不断完善、环境不断改善的过程。党的十五大把"公有制为主体、多种所有制经济共同发展"确立为我国的基本经济制度，提出"非公有制经济是我国社会主义市场经济的重要组成部分"。党的十六大提出"毫不动摇地巩固和发展公有制经济""毫不动摇地鼓励、支持和引导非公有制经济发展"。党的十八大进一步提出"毫不动摇鼓励、支持、引导非公有制经济发展，保证各种所有制经济依法平等使用生产要素、公平参与市场竞争、同等受到法律保护"。党的十九大强调要"全面实施市场准入负面清单制度，清理废除妨碍统一市场和公平竞争的各种规定和做法，支持民营企业发展，激发各类市场主体活力"。党的二十大强调要"优化民营企业发展环境，依法保护民营企业产权和企业家权益，促进民营经济发展壮大"。

中国民营经济高质量发展是中国高质量发展不可或缺的因素。《基业长青》用敏锐的眼光剖析了中国民营企业现在所面临的困难，并试图寻找解决问题的路径。阅读本书可以发现，本书主要围绕一个主题展开，那就是"在新趋势下，企业附加值的重要性"。本书围绕这个话题从经济变化规律、政策变化逻辑、企业管理和治理等角度进行了分析，并提出了一些观点和建议，令人值得深思。

本书深入浅出，分析了一些有趣的案例。如书中讲到了企业家和员工的博弈问题。从员工的角度看，多数企业家可能表现出吝啬，甚至贪婪的形象；但是从企业家的角度看，这是多数企业家不得已的选择。因为，在这场博弈中影响着彼此策略的并不是人性，而是经济学规律本身。如同笔者所讲"在粗放式的发展模式下，企业之间的竞争优势主要表现在产品的成本而非附加值上。在这种环境中，企业只有扩大产能，提高规模效应，降低生产成本，才能在竞争中获得优势。面对企业家的行为，员工关注更多的是工资的多与少、福利待遇的好与坏等问题，但是，在这种竞争环境下的多数企业家们感受到的却是长期的压力和挥之不去的焦虑。他们如果没有积累充足的资本来赢得竞争，遇到的可能是生与死的问题"。然而，这种时代正在一去不复返。

经济从粗放式发展阶段向高质量发展阶段转变是诸多发展中国家的期盼，更是中国必须迈过的坎。尤其进入2020年后，在新冠疫情突发、中美贸易冲突升级，以及国际环境突变的情况下，中国经济高质量发展的紧迫性和重要性进一步提高。这一点从政策变化中也能看出，如党的十九大提到了2次"高质量发展"，而党的二十大提到了9次"高质量发展"，而且针对高质量发展，党的二十大首次提出"高质量发展是全面建设社会主义现代化国家的首要任务"的重要论断。从这些描述的变化中也能看出，2010年以来，中国经济在发展过程中内在矛盾的变化。未来，实现高质量发展是中国提高国家竞争力、提高国际地位、经济实现双循环、拉动内需、提高经济抗风险能力，乃至实现共同富裕的必经之路。而在这个过程中，民营经济的重要性不可撼动。希望《基业长青》能为诸多关心民营经济、希望民营企业发展壮大的人士留下思考，提供实践上的指导。

宣　峻

物产中大（浙江）产业投资有限公司 执行董事

2024年4月

推荐序二

基业长青是许多创业者和企业家的理想,但能够真正践行长期主义的企业少之又少。同样,能坚持做到高质量发展的企业更是少数,可见基业长青知易行难。

对改革开放之后迅速崛起的中国民营企业来说,当下无疑是其进入高质量发展的决战时刻。不少企业家处于迷惘和彷徨中,大家都希望找出一条清晰的发展道路。

我于1985年开始创业,至今经营企业38年,历经种种艰难险阻,不断破局突围。我所提倡的"行动管理模式",特别强调"人",因为管理的一切都建立在人性基础上,人是一切的创造者。这与韩龙男老师"经济活动中的关键因素是人"的观点不谋而合。

本书不仅有对民营企业高质量发展的宏观、中观、微观视角的深入洞察,还有对企业的定位与发展问题的多角度探讨。相信每个发展中的民营企业领导者,都能从本书中获益。

要想让企业行稳致远,真正做到基业长青,卓越的企业家都应该是马拉松选手,既要有速度,也要有耐力。希望每一位企业家都能跑赢这场马拉松,做积极的实践者和持久的奋斗者。

李 践

写于上海行动花瓣楼

2023年10月

推荐序三

中国人民大学持续培养优秀学子是让我十分欣慰的事情。我在讲课时常提到："人大学子要牢记人民大学人才培养的目标，做就做复兴栋梁，当就当强国先锋。要牢记人大学子不负人民的精神品格。"龙男的《基业长青》一书，明确了中国企业特别是民营企业的发展阶段，与中国经济的发展阶段由成长阶段到成熟阶段的变化相适应，中国企业包括民营企业也由高速度进入高质量发展的阶段。根据我们二十多年来研究中国规模企业的成长规律，企业成长和GDP增速有一个倍数关系：过去GDP增速在10%的水平时，企业的营收增速是20%左右；当GDP增速维持在目前的5%时，即使是优秀企业的营收增速基本上也只会维持在10%左右。这种下降是必然的，从数学上讲，基数大了，增长率自然就下降了；从人生上讲，人们富足了，自然就追求高质量生活了。因而，成长曲线是平滑的不是直的，是周期性阶段性变化的不是不变的。本书以"基业长青"做主题，本质上就是把过去的企业追求"做大，做多，做快"调整到现在和未来的企业要追求"做优，做强，做久"的轨道上来，这也正是经济发展模式变化时代的要求。

《基业长青》还讨论了民营企业的发展路径。本书以站在时代的交叉点开篇。什么是交叉点？我的理解是，中国企业的规模实力在近十五年先后超越英法德，超越日本，又赶上美国，连续了三个交叉点，目前正处于与美国企业战略相持的时期。这也是中国企业必须关注中美关系和中美企业发展态势的关键时期，还是中国企业特别是民营企业选择未来发展路径的关键时期。

《基业长青》力图从宏观、中观、微观三个视角，帮助读者更好地理解时代中的企业、发展中的企业、改革中的企业。龙男关注了民营企业的三个大问题：公司治理改善、企业文化建设和家族企业传承。其中每一个问题都是民营企业直面的重大、迫切和充满挑战的难关。

虽然本书主要定位在民营企业的发展路径上，但读者也不能过度从所有制角度来理解企业。企业的经营管理非常复杂，所有制或所有权只是企业组织的一个要素。企业的本质是经济组织而不是政治组织，企业成功的最终证明是经济效益而不是所有制。宁高宁先生曾说过："对国企来说，国家需要你干要求你干的，你没干好，这不行。对民企来说，市场需要你干的、国家政策允许你干的，你没干好，这也不好。国企有国企的环境，民企有民企的环境，重要的是把自己的企业按企业发展的本质规律办好。"

在经济增长方式改变之际，诸多企业不得不再次面临选择。转型和改变是为了发展，为了开启新的增长曲线，但这条路充满着风险和挑战；婴城固守是为了生存，等待更好的机会。孰优孰劣没有定论。愿本书能帮助大家实现基业长青！

杨 杜

中国人民大学商学院教授 博士生导师

中国企业联合会、中国企业家协会常务理事

2024 年 3 月

推荐序四

当前全球经济形势错综复杂,企业处于VUCA时代,面临易变性、不确定性、复杂性、模糊性,这就十分考验企业家的能力。龙男的《基业长青》立足当前大变革时代,从多个角度为中国民营企业的发展提供了思考。当拿到这本书的时候,我确信这应该是诸多民营企业家需要的书籍。

彼得·德鲁克说过,"动荡时代最可怕的不是动荡本身,而是我们仍然沿用过去的逻辑来做事"。经济学家约瑟夫·熊彼特也曾说过"企业家最本质的功能就是经济体的搅动器,它防止经济活动落入成规而死气沉沉""企业家天生有破坏静态均衡状态的倾向,因为这是一个成功的创新所必须的"。由于时代的不同、外界环境的变化,中国企业所处的营商环境,包括人、财、物等都会变化,但有一点是不会改变的,那就是我们通常所说的企业家精神,而这种企业家精神主要表现在危机意识和应对挑战上,这能让优秀企业家比一般人更敏锐地感知到变化的来临,看到别人看不到的机会,更为重要的是,这也能让企业家看到潜在的风险,并锲而不舍地推进改革、促进创新。

我主持《改变世界——中国杰出企业家管理思想访谈录》大型研究项目近十年,访谈过张瑞敏、雷军、董明珠、王传福、宗庆后、宁高宁、宋志平、曹德旺、刘强东、季克良、刘永好、王正华等50位杰出企业家,深入了解他们的管理思想,总结他们经营企业的成功经验。这些企业家虽然在企业经营方面都各有高招,但也同时具备几个共同的特质,他们不仅几十年筚路蓝缕、不懈奋斗,更是自我认识清晰、充满前瞻性思考、充满危机意识并且持续奋斗的优秀群体。

市场活力来自人，特别是来自企业家，来自企业家精神。改革开放以来，中国企业家践行"四千四万"精神，书写着激动人心的创业故事，成就了自己、成就了他人、富强了国家。今天，经济增长模式正在改变，这也要求很多企业家重新思考、重新定位。

《基业长青》一书，探讨了未来经济和企业发展中的多个变量，其思考不仅有广度也颇有深度，有助于企业家前瞻性思考和提前布局。阅读此书，我可以感受到龙男不仅具备良好的理论知识，还有较为丰富的实战经验。书中探讨的诸多内容都贴合中国实际，不仅关注了中国经济目前所处阶段的特点，也充分考虑了东西方文化的差异，在此基础上给出了企业基业长青的药方，值得细细品味。

苏 勇

复旦大学教授 博导

中国企业管理研究会副会长

2024 年 3 月

前 言

中国已进入高质量发展转型的重要时期。一方面，中国历经数十年的高速发展，已告别稀缺时代；另一方面，在2008年金融危机、中美关系的变化和疫情突发等多重因素影响下，在中国粗放式经济发展下的各种问题，如产品附加值低且有效供给不足、创新动力不足、出口依赖严重、投资乏力、内需不足等逐渐显现。而只有顺利推进产业结构高端化，将经济转型为高质量发展模式才能有效解决这些问题。

笔者在上一部著作《投资护城河：经济环境变化与企业竞争力重塑》中已有分析，一个经济体想要实现高质量发展，或者想要顺利跨越中等收入阶段，那么良好的法治环境、公平的竞争制度、充足的人才供应都是不可或缺的因素。因为，良好的法治环境可以为市场经济提供稳定且可预测的市场秩序；公平的竞争制度有利于发挥更多市场主体的创新动力，进而加速市场新技术、新工艺、新产品、新模式、新创意的出现；而充足的人才供应是促进产业结构高端化、技术驱动增长方式转型为科技驱动增长方式的重要保障。

从目前的情况来看，中国已较好地推进了市场经济，培养了大量的高等教育人才。在这种环境下，不少国有企业已进入高质量发展阶段。多数国有企业不仅有低廉的融资成本、稳定的融资渠道，也具备较高的行业地位。因此，这些企业有较好的条件进行战略性研发支出，也有较好的条件吸引人才、留住人才。

然而，相比国有企业，中国多数民营企业尚处在创新动力不足、落后和弱小的状态。这跟企业竞争环境不公平、竞争地位不对等有关，也跟民营企业治理结构不完善、缺少长期发展定位、家族氛围过重等因素有关。

中国经济的高质量发展仅靠国有企业的突围无法实现，民营企业尤其是中小民营企业的高质量发展同样也是中国经济高质量发展不可或缺的因素。其原因在于：一是民营企业是营利导向的企业，而民营企业的这类特性，可以更好地保障创新的市场贴合性，进而促进产业结构的高端化、多样化、专业化和细分化；二是如果一个经济体只有少数大企业得到良好发展，多数中小企业处于落后、弱小的状态，那么这些大企业也可能会因缺少优质的配套中小企业而呈现出大而不强、主营业务多而不精的状态，最终在越来越专业化、越来越细分化的国际竞争中失去竞争优势；三是中国的民营企业不仅是 GDP 的主要贡献者，同时也是就业的吸纳器，如现今中国的民营经济创造了 60% 的 GDP 和 80% 的城镇就业机会。因此，民营企业的健康发展，不仅有利于社会的稳定，也有利于提高第一次分配的效率性和公平性，更能为第二次分配和第三次分配腾出空间。从这个角度来看，民营企业的高质量发展还是实现共同富裕不可或缺的因素。

民营企业的高质量发展是中国经济高质量发展的重要突破口。因此，在中国高质量发展之路上，民营企业的重要性不会降低，只会越来越高。而且在中国与国外企业之间的竞争关系越来越明确、中国粗放式发展方式带来的问题越来越严重的趋势下，中国经济的转型升级和高质量发展不仅是愿景，更存在时间紧迫性。这也意味着，未来的发展中，中国改革的速度会进一步加快，支持民营企业发展的力度也会进一步加大。

那么，中国的民营企业又该如何在变化的时代中更好地立足，提高自身的竞争力呢？关于该问题的答案，本书通过三个篇章来进行阐述。

本书的第一篇由第一章和第二章构成，主要讲述了国内外环境的变化及中国民营经济发展的历程。其中，第一章主要讲述的是中美关系的变化与中国经济"三驾马车"现在所面临的问题。对外来看，中美关系的变化是影响中国经济发展的重要因素；对内来看，"三驾马车"的结构性调整和优化是中国迈向高质量发展的必经之路。因此，这一部分可以帮助读者更好地了解国内外情况及中国经济所面临的问题。

第二章主要讲述的是改革开放以来中国民营经济的发展历程。改革开放以来，中国民营经济不仅得到了快速发展，其社会地位也在不断提高。改革开放初期，民营经济并没有被正式认可，但随着改革的不断深化，它不仅得到了正式的认可，地位更是从必要补充变为了重要组成部分。进入21世纪之后，民营经济的地位进一步提高，不仅被强调同等重要，更是处于平等待遇和公平竞争的环境。笔者认为，中国民营经济的快速发展和社会地位的提高并非偶然现象，而是符合经济发展的基本逻辑。因此，读者阅读这一部分可以更好地了解中国改革开放的特色及经济发展的内在逻辑，更能感受到现在民营企业所面临的机遇与挑战。

本书的第二篇由第三章、第四章和第五章构成，主要讲述的是在未来中国民营企业发展中起到重要作用的几个因素，其中第三章讲述了人口因素，第四章讲述了国家治理方式的改变（法治因素），第五章讲述了中国的金融市场（金融因素）。

从国内环境来看，影响民营企业发展的宏观因素有很多，那么为什么本书只选择了人口因素、法治因素、金融因素呢？其原因在于，人口结构的变化、国家治理方式的改变、金融环境的变化是影响生产力和生产关系的最为核心的因素。

经济活动中的关键因素是人。人口结构的变化不仅会影响经济增长方式，还会影响经济发展的特性。而且"人"不仅会受生产关系的影响，还会反过来影响生产关系的发展。研究产业史、经济史、制度变迁史会发现，人口结构变化和人的思维变化，如某种思潮的崛起，往往能直接影响生产关系的变化。了解人口数量结构的变化和人口质量结构的变化的重要意义也在于此。相信企业家敏锐的眼光和本书人口结构章节的结合，有益于他们在变化的时代中更好地把握未来、把握商机。

经济的发展无外乎是生产资料和生产关系相互影响、相互促进的过程。生产资料的进步需要更为先进的生产关系来支撑，更为先进的生产关系也会进一步促进生产资料的进步。在生产资料方面，中国经过数十年的高速发展已积累了充足的资本，培养了大量的人才，逐渐具备向人力资本型生产方式转变的条件。而中国从劳动密集型生产方式迈向人力资本型生产方式的过程中，法治代表的是更为先进的生产关系。区别于人治，良好的法治环境不仅可以为市场经济提供稳定且可预测的市场秩序，同时也能更好地保障不同市场主体之间的平等关系，进而促进竞争的公平性。从周边国家的案例来看，良好的法治环境是发达国家普遍具备的优势，也是多数发展中国家顺利跨越中等收入阶段不可或缺的因素。十分庆幸的是，中国自从2010年以来法治化进程明显加快。当然，对于民营企业来说，法治化的加速会要求民营企业具备更加规范、更加透明的治理方式，这意味着企业治理成本和管理成本的增加。从有利因素来看，民营企业治理的规范化和透明化，会畅通民营企业的融资渠道，优化民营企业的人才引进机制。这也意味着，法治化的推进会促进民营企业的转型升级，也会淘汰不胜成本上升压力的企业。

如果法治代表的是更为先进的生产关系，那么金融就是经济的血液，是调节生产资料和生产关系的核心因素。随着现代公司的出现和银行的出现，金融对经济的促进作用越来越明显。在金融环境方面，虽然中国也在加大对民营企业的扶持力度，加快建设多层次的金融市场，但目前经济环境和金融环境的错配现象并没有得到良好解决。这也意味着，在资本和人才配备充足、法治化进程日益加速的趋势下，未来，金融环境和经济环境错配问题的解决，或将是推动中国经济高质量发展的关键因素。

总体来看，第一篇和第二篇讲述的是较为宏观的问题，其目的在于让读者更好地了解当前的环境及未来的变化。企业的发展无法脱离宏观环境。企业不仅是股东的企业，同时也是宏观环境下的企业。一家企业只有更好地了解大环境及其变化趋势，才能做出更为合理的决策。

本书的第三篇由第六章到第九章构成，主要探讨的是企业的定位与发展问题。在这一部分，笔者尽可能从企业发展的内在规律，如企业竞争力的特性、不同制度和文化的比较等视角分析企业发展中涉及的企业治理问题、企业管理问题、企业文化问题、企业传承问题等。比如，在企业治理和企业管理问题上，并不是所有企业都需要规范化的治理和规范化的管理。企业的治理方式和管理模式，要根据企业的发展阶段、发展特性来选择。例如，对于尚处在生存和立足阶段的企业、企业产品有祖传秘方的企业、想要小而美地传承下去的企业来说，规范化治理和规范化管理并不一定是最好的选择，亲情化管理反而可能是更为有利的管理方式。

企业文化也是如此，并不是所有企业都要建立企业文化。企业文化的建立也要根据其生产方式和竞争力特性进行选择。例如，对于未来较长一段时间的竞争优势依然定位于简单重复性劳动的企业来说，相比企业文化的建立，泰勒的科学管理思维的理解和应用，反而更有利于企业竞争力的提高。只有那些想要转型为人力资本型的企业，或者已经转型为人力资本型的企业来说，企业文化的建立才具有更强的必要性。除此之外，笔者还比较了中国、美国、日本、德国的制度环境和文化环境，展开讨论了中国民营企业所面临环境的与众不同性。相信这一部分可以激发读者的思考，帮助读者更好地找到自身企业的特色和定位。

与多数从单一因素（如政策、治理、管理、文化、传承等）来探讨企业发展和定位问题的书籍不同，本书从国内外环境变化、经济发展的内在规律、改革的趋势、企业竞争力特性等较为全面的角度来探讨企业定位与发展。其目的在于，从宏观、中观、微观的视角，帮助读者更好地理解时代中的企业、发展中的企业、改革中的企业，以及不同制度与文化环境下的企业。后续，本书部分章节的内容会进一步展开，并单独出版成相应书籍。由于篇幅有限、笔者能力有限，本书不能做到面面俱到。关于本书的不足和欠缺，还希望读者多多指正。

目 录

第一篇　站在时代的交叉点上

第一章　国内外环境的变化 ... 002

第一节　国际环境的变化 ... 002
一、合作与共赢：中美建交到 2008 年之前 ... 002
二、竞争与冲突：2008 年之后 ... 004
三、中国面临的困局 ... 007

第二节　国内环境的变化 ... 008
一、第一架马车——出口 ... 009
二、第二架马车——投资 ... 009
三、第三架马车——消费 ... 011

第二章　从高速发展到高质量发展的中国民营企业 ... 013

第一节　中国民营经济的发展与地位的变化 ... 013
一、工作重心的转移与民营经济被认可 ... 014
二、必要补充到重要组成部分 ... 016
三、体制性开放与两个平等 ... 018
四、市场发挥决定性作用，从公平竞争到高质量发展 ... 020

第二节　中国民营企业发展的内在逻辑...021
第三节　高质量发展下的机遇与挑战...026
　　一、经济环境的高质量发展...027
　　二、社会环境的高质量发展...030
　　三、高质量发展下民营企业的变化...031

第二篇　影响中国民营企业发展的三大因素

第三章　中国人口数量与质量结构的变化...038

第一节　人口年龄结构变化与老龄化趋势...038
　　一、低生育率现象会持续...040
　　二、人口老龄化在加速...042
　　三、劳动人口快速下降和劳动人口负担加重...044
第二节　人口质量结构变化与中产阶级的崛起...047
第三节　人口结构变化对民营企业的影响...051

第四章　法治化的加速与公民意识的提高...055

第一节　法制到法治社会...055
　　一、法制与法治的区别...055
　　二、中国的法治历程...057
第二节　中产阶级的壮大与公民意识的提高...059
第三节　民营企业是法治社会的重要受益者...061

第五章　多层次金融市场的建立...065

第一节　经济发展与金融环境的关系...065
　　一、美国的金融发展...066

  二、日本、韩国的金融发展 068

 第二节 中小企业的发展与融资环境保障 070

  一、中小企业发展与高质量发展的关系 070

  二、美国中小企业的融资 073

  三、德国、日本、韩国等国家中小企业的融资 075

 第三节 中国融资环境变化趋势 078

  一、多层次资本市场的建立会加速 080

  二、民营企业间接融资环境会改善，融资稳定性会提高 081

第三篇 公司治理的改善与企业竞争力的提高

第六章 企业为谁而存在 084

 第一节 股东至上到利益相关者理论的理解 084

  一、企业为谁而存在 084

  二、存在与本质 086

  三、利益相关者理论兴起原因思考 088

 第二节 价值追求与长青企业 091

 第三节 信念共同体、事业共同体、利益共同体 096

  一、信念共同体、事业共同体、利益共同体的区别与联系 097

  二、环境因素对工作心态的影响思考 100

第七章 企业发展与企业文化 105

 第一节 科学管理到企业文化 105

  一、企业文化兴起导火线 105

  二、管理模式的变迁与企业文化的兴起 108

 第二节 正式制度、非正式制度与企业文化 114

第三节　企业文化的建立与适用范围思考 117

第八章　公司治理与董事会 122

　　第一节　企业的发展为什么需要董事会 122

　　第二节　董事长与董事会的关系 125

　　第三节　企业的控制权值多少钱 129

　　第四节　同股不同权是否存在合理性 132

　　　　一、同股不同权的历史沿革 133

　　　　二、差异化表决权对经济效率影响思考 136

　　　　三、不同企业差异化表决权适用性探讨 138

　　第五节　如何看待企业发展与股权稀释 142

第九章　家族企业的发展 148

　　第一节　从创业到立足 149

　　第二节　从亲情化管理到规范化管理 153

　　　　一、企业资产与家族资产（个人资产）的分离 153

　　　　二、家族委员会的建立 155

　　　　三、独立董事的引进 160

　　　　四、家族成员责任承担及抗风险机制的建立 163

　　第三节　家族企业经营特性及治理模式的选择 165

　　第四节　日本企业的长寿基因 168

　　　　一、日本的"家"文化 169

　　　　二、愚直、量力经营、报恩、企业乃社会之公器 173

　　　　三、中国和日本情况对比 178

　　第五节　长青企业的意义与财富的归宿 179

参考文献 184

第一篇

站在时代的交叉点上

第一章 国内外环境的变化

第一节 国际环境的变化

在全球化时代,国际竞争更多地体现在经济领域和科技领域。因为经济实力和科技实力不仅关乎一国的产业竞争力,还关乎一国的军事实力和地缘政治影响力。除此之外,国家之间的竞争还会涉及秩序。以良好的经济实力和科技实力为基础,在国际环境中会不断得到更多的市场和更大的发言权。

长久以来,美国是经济实力、科技实力、军事实力最强的国家。改革开放至今,在中国计划经济到市场经济的转型,以及投资拉动和出口拉动的发展过程中,美国是对中国影响最大的国家。了解美国对全球市场的影响,尤其是了解美国和中国关系的变化及趋势,可以更好地帮助中国企业在变化的环境中未雨绸缪。

一、合作与共赢:中美建交到2008年之前

美国最初接触中国的目的是通过改善对华关系来共同应对苏联的全球扩张。"冷战"结束后,接触中国又被纳入美国在全球推广民主制度和市场经济、维护以美国优势为基础的国际秩序的战略。

基辛格和尼克松先后访华拉开了美国在政治和外交上接触中国的序幕。1979年,中美两国签署《中美贸易协定》,两国先后给予对方最惠国待遇,这意味着美国与中国的经济接触全面开始,随后中美经济关系不断向好。20世纪80年代,虽然中国和美国于外交和经济方面存在过不少摩擦,但中美经济关系在这十年里获得了长足发展。在这一时期,美国大幅放宽对中国的技术转让,中美不仅在经

济合作上不断发展，在技术交流上也迎来了黄金时期。中国也先后加入世界银行（WB）和国际货币基金组织（IMF），逐渐成为国际经济体系中的正常成员。在这一时期，美国对华经济接触的加强，除了延续20世纪70年代安全战略的逻辑之外，中国的改革开放也为美国强化接触战略提供了新的经济和政治动力。

进入20世纪90年代之后，中美关系虽然有过一定的波折，但在邓小平"南方谈话"之后，美国看到了一个更加开放、坚定市场化改革方向的中国，这既符合美国对中国的价值期许，也符合美国对中国的利益期许。1996年，美国在最惠国待遇问题上形成了跨党共识，支持给予中国永久性正常贸易关系地位。1999年，中国和美国在经过多年艰难的谈判之后达成了中国入世协议，这标志着美国对华经济接触政策彻底定型。

21世纪的第一个十年，中美经济关系迎来了又一个黄金发展时期，尽管从2003年开始，中美围绕人民币汇率问题争论激烈，但没有产生实质性冲突，美国也没有对中国采取全面打压措施。这一时期，尽管中国经济快速崛起，但美国学者普遍认为，中国的崛起不会威胁美国领导的自由国际秩序。[1]

从改革开放到21世纪初，中美关系虽然有过冲突、有过矛盾，但整体上一致利益大于分歧。其原因主要在于，中美两国经济结构在很长一段时间内表现出较强的互补性，基本不存在竞争性。至少2008年之前，中美两国具有比较优势的部门逐渐增多，两国都在日益加快的经济全球化进程中获得了较大的国际分工利益。美国作为成熟的经济体和世界上最强的经济体，在向中国输出中高端产业、输出资本的过程中获得了较大的收益。中国作为发展中国家，在中低端产业，尤其是在劳动密集、资本密集、耗能较多、产生较多污染的行业上弥补了美国的产品缺口。

然而，这种局面在2008年金融危机之后，尤其进入2010年代之后出现了快速的变化。

"冷战"结束后，由于中美力量对比悬殊，美国掌握了双边关系的主导权，在议程设置和话语权方面处于明显的优势地位，因此中国在双边互动中更多表现

---

[1] 李巍．从接触到竞争：美国对华经济战略的转型 [J]. 外交评论，2019,36(5):54-80+6.

为被动反应。1990年，中国人口占世界总人口的1/5，但经济总量占世界经济的比重不到2%，是美国经济总量的5%左右，因此该时期的中国在国际上的影响力较弱。但随着市场经济的推进和人才数量的增长，中国经济快速崛起，不仅经济总量快速增长，产品的科技含量也在快速提高。到2010年，中国经济总量已达到世界经济总量的9.2%、美国经济总量的40.6%，超过日本成为世界第二大经济体。不仅如此，中国的军事实力、科技实力及国际影响力也有了大幅提升。相反，进入21世纪之后，阿富汗、伊拉克战争的消耗和2008年的金融危机，使美国各方面的世界影响力都开始下降。

进入2010年之后，随着国际形势的变化和中美力量差距的缩小，中国在双边互动中逐渐变得主动、积极。而且中国在处理国际关系时不仅重点考虑美国，也越来越着眼于对外经济与外交拓展。例如，中国也会着重考虑与亚太地区，非洲、拉美等地区的外交关系，不仅参与全球治理，更不断提高在全球秩序调整上的影响力。随着经济的发展和科技的进步，中国从一个计划经济时期区域性国家逐渐转变为全球性国家，如提出"一带一路"倡议、推进人民币国际化、倡议设立亚洲基础设施投资银行等。

中国经济体量的增加，科技实力的加强以及全球环境中话语权的增加，逐渐牵动着美国的神经，让美国不断感受到来自中国的挑战。尤其是，随着中国经济的发展和产业结构的高端化，中国和美国之间互补性的产业结构逐渐向竞争性的产业结构转变，中美经济关系也从互补性关系逐渐转变为竞争性关系，中国不少领域的科技水平紧随美国，少数领域的科技水平甚至超过美国，这大大增加了美国的焦虑和不安。

二、竞争与冲突：2008年之后

中美竞争性关系的加剧大致是从奥巴马执政时期开始的。奥巴马执政时期，面对中国的快速崛起，美国和中国的经济接触不仅多了一些"竞争"因素，还多了一些"防范"因素。比如，美国抛开中国，联合11个国家推动《跨太平洋伙伴关系协定》；美国对中国在国际货币基金组织的投票权及将人民币纳入特别提款权（SDR）等问题上不予支持；为了扭转对华贸易逆差，扩大对中国出口，奥巴马政府一方面利用反补贴、反倾销等贸易制裁措施限制中国产品对美出口，另一方面在中国的市场准入、政府采购及知识产权保护等议题上指责中国，试图扩大美国产品对中国的出口；在人民币汇率问题上，美国更是咄咄逼人，全方位对中国施压，要求人民币汇率更多更快地升值。

虽然从奥巴马执政时期开始，美国对中国的政策明显多了一些"竞争"和"防范"意味，但由于该时期美国正在经历20世纪30年代以来最大的金融危机，其经济尚处于虚弱状态，外加奥巴马执政时期中美两国在产业结构和贸易上依然存在较大的互补性等方面的原因，奥巴马政府对中国的"竞争"和"防范"并没有擦出明显的火花，也没有阻挡中美两国互为最大贸易伙伴关系的发展。

然而，特朗普执政之后，这种关系出现了重大变化。2017年12月，美国白宫发布的《美国国家安全战略》报告就明确指出中国已经成为美国未来的"最主要威胁"，其高技术制造类产业的发展将深刻影响美国的国家安全，最终挑战美国的全球影响力和核心国家利益，随后美国在2018年对中国发起了空前的"贸易战"。这意味着中美关系发生了重大变化，从以合作与共赢为主的模式可能逐渐转变为以竞争和冲突为主的模式。

当然，特朗普执政时期外交政策的突变也存在特定的历史背景。

进入20世纪90年代之后，美国过度重视信息、金融等服务业，专注于成为世界的研发中心和世界银行家。在这种趋势下，美国的传统制造业不断外包给新经济体，国内制造业逐渐衰弱。这使美国的社会结构发生了变革，以中产阶级为主体的扁平橄榄形社会结构正在坍塌，甚至导致了蓝领阶层的没落与失业。

制造业是就业的吸纳器。虽然高端产业有利于国家实力的加强，但这些产业能吸纳的人群毕竟有限，而且在这些领域的就业者都是高智商、高学历的精英人群。一个社会中，多数人都是普通人，很难在高精尖行业中寻找到工作岗位。在产业结构不断高端化、中低端制造业不断空心化的趋势下，一般中产阶级逐渐没落，精英阶层开始掌握更多财富，这强化了美国社会阶层的断层现象，也加剧了美国贫富的分化。

制造业的空心化也是贸易逆差加大的重要原因之一。第二次工业革命之后，美国确立了世界工厂的地位，也由此开始逐渐成为世界第一大出口国。然而，随着美国高科技产业的发展和服务业占比的提高，中低端制造业不断往外迁移。这导致美国的贸易逆差自20世纪90年代之后迅速扩大。不断攀升的贸易赤字严重威胁着美国经济，所以美国必须认真考虑扩大本国产品的出口，以抵消巨额贸易逆差及其对本国经济的伤害。

2008年金融危机之后，奥巴马的一系列经济政策虽然取得了一定的效果，也在一定程度上复苏了美国经济，但产业空心化等方面引起的产业结构失衡、中下阶层失业率高企、贫富差距较大等问题未能得到有效解决。

这些积压下来的问题在特朗普执政时期爆发了出来，而中国成了该漩涡中的重点对象。事实也是如此。随着中国经济的快速增长，中美贸易逆差很大程度上来自于美国制造业在过去数十年中大规模的对外转移，而中国是其主要的转移对象。制造业向中国的转移不仅减少了美国的税收、加大了中美贸易逆差，还减少了美国的制造业就业机会，加速了美国社会结构的分化。

此外，随着中国经济体量的增加，尤其是科技实力的提升和产业结构的高端化，如5G的突围等，美国不仅在经济上感受到了威胁，更是在政治和军事方面也感受到了威胁。这也导致了在特朗普执政时期的中美贸易冲突中，影响最大、后果最严重的不是贸易领域而是科技领域。自2017年年底特朗普政府发布的《美国国家安全战略》报告吹响对华战略竞争号角后，美国对中国的竞争在经济、政治、外交、人文交流及国际秩序等领域快速展开，其涉及面之广、力度之大前所未见。特朗普执政时期，贸易和投资领域的全面高技术交易限制，已成为美国对中国高技术贸易和投资政策的主要内容和焦点。例如，自2018年开始，美国对华为进行围堵，公开要求其盟友不要使用中国的电信设备，后又将华为列为商务部的实体管理清单等。

拜登上台之后，看起来直接的、充满火药味的冲突有所减少，而且跟特朗普执政时期的过度保护主义、单边主义的思路不同，拜登政府更倾向于采取多边合作，以重塑经济秩序的方式解决国内外问题。然而，在中美互补关系减弱、竞争关系越来越明确的背景下，不论美国政府采取何种方式，在未来较长一段时间内，美国对中国施压和制约的趋势依然会持续。

三、中国面临的困局

总体来看，未来较长一段时间，中美将保持较强的竞争关系，以及美国对中国的施压预计都是大概率事件。

从美国的情况来看，美国产业空心化、贫富差距较大等问题是长期积累下的产业结构失衡所带来的结果。短期的财政、货币等政策或许能提高美国就业率，推动美国经济增长，但这些政策很难彻底解决多年积累下来的结构性矛盾。

从中国的情况来看，一方面，中国已经具备较好的市场环境，培养了充足的人才，因此未来更多产业跟美国产生竞争性关系是大概率事件。另一方面，中美竞争不仅会涉及经济、贸易、科技等方面，更是会涉及军事、经济秩序、国家安全等方面。这对于中国来说无疑是一个挑战。

中国正处在产业结构高端化发展的关键时期，经济发展方式也逐渐从早期的投资拉动和出口拉动转向科技驱动，而美国对中国的限制与封锁，会加大中国转型的难度，也会加大中国经济运行的风险。

更为严重的是，美国对中国的限制和封锁不仅表现在中美关系上，还表现在国际关系上，这些都会影响到中国的发展。众所周知，美国在诸多多边谈判中有较强的发言权。比如，美国是世界两大金融机构——国际货币基金组织和世界银行的核心创始者，一直在这两大金融机构中享有高比例的投票权，而且美国也在这两个组织中享有否决权。因此，中美之间的竞争与冲突，不仅会影响中美之间的关系，也会加大中国融入国际市场和提高国际地位的阻力。

除此之外，世界经济进入知识经济时代之后，经济命运共同体的特征越来越明显。在第二次世界大战之前，全球产业的分工更多的是贸易分工而不是技术分工（也正是出于这个原因，18、19世纪学术界和实务界探讨更多的是绝对优势理论和比较优势理论），但第二次世界大战之后，尤其在第三次科技革命和模块化的趋势下[①]，全球产业分工中技术分工的比例大幅提高。比如，诸多高新技术产品的生产很难靠某一个国家单独来完成，而是需要全球产业链的配合。以芯片生产中被认为技术含量最高的光刻机为例，目前全球最强光刻机企业是荷兰的阿斯麦（ASML）公司，但该光刻机的生产仅靠荷兰国内的产业链是无法完成的，而是需要多个国家产品和技术的配合，如德国的镜头技术、美国的控制软件和光源、日本的特殊复合材料等。在全球经济命运共同体特征越来越明显的趋势下，世界的发展离不开中国，中国想要提高国际竞争力和国际影响力更是离不开世界。中国只有融入全球产业链，尤其是参与全球产业链的高端环节，才能更好地提高自身的国际地位和影响力。

如上所述，未来中美经济关系竞争与冲突加剧是大概率事件。在中美竞争关系越来越明确的背景下，中国经济的转型升级和高质量发展不仅是愿景，更存在时间紧迫性。中国只有加快推动产业结构的高端化，才能在未来发展中更好地保障经济的稳定性和前进性。这也意味着，中国的改革力度会进一步加大，各项有利于经济发展和科技进步的政策的出台速度也会进一步加快。

第二节　国内环境的变化

以改革开放为起点，中国经济经过几十年的发展，取得了举世瞩目的成就。在21世纪，虽然不少产业仍处在粗放式发展阶段，但很明显的是，曾经的生产力落后、供给不足的时代渐渐远去，中国逐渐进入人民群众向往更美好生活的时代。中国正处于转型之际，市场却没有给予中国太充足的时间。2008年金融危

---

① 随着信息技术的应用和互联网的普及，企业不再是自我封闭的实体，而是逐渐成为全球生产网络中的一个节点，成为全球分工体系的一部分。在全球性生产网络下，各种接口实现规范化和标准化，而在这个趋势下，企业不必要像以前一样自己生产整个产品，企业只要生产自己所擅长领域的功能部件，并通过标准化的接口跟其他企业合作，就可以生产出品质优良的产品。详见《投资护城河：经济环境变化与产业竞争力重塑》，该书对模块化趋势和全球竞争力变化有较为详细的描述。

机之后，尤其是2018年中美贸易摩擦升级之后，某些产品附加值低且有效供给不足、创新动力不足、出口依赖严重、投资乏力、内需不足等问题有所显现。

一、第一架马车——出口

如同日本和韩国的早期发展一样，改革开放之后的中国选择了出口导向的发展方式。相比国内的市场，海外广阔的市场和较强的购买力为中国早期的发展提供了大量机会。尤其是加入世贸组织之后，外贸对中国经济的带动作用越来越明显，一度成为拉动中国经济的"三驾马车"中最重要的马车。例如，在20世纪80年代，中国平均外贸依存度为18.5%，但加入世贸组织之后该指标快速上升到了60%。可是，这种出口带动的增长方式，在2008年金融危机之后，尤其是2018年中美贸易摩擦升级之后，不仅难度增加，而且风险也不断扩大。

改革开放以来，美国一直是中国重要的贸易伙伴。由于早些年中国和美国在产业上有较强的互补性，两国之间保持了较好的合作与共赢状态。但随着中国产业结构的高端化，中美产业互补性减弱，竞争性加强，再加上国际秩序中中国发言权的提升，都使得中美关系从合作与共赢逐渐转向竞争和冲突。

目前，中国虽然已是世界工厂，是一个全球供应链最为齐全的国家，例如，500多种工业品中，中国有200多种的产量位居世界第一，但仍有产品处在全球产业链的中低端，缺少话语权。

在出口带动经济发展的模式下，一个国家在全球产业链中的地位在很大程度上影响着这种增长模式的可持续性和稳定性。以日本为例，日本也是出口主导型的国家，在面对危机和全球经济波动时，由于其不少产业在全球产业链中处于核心环节，日本企业可以把各方面的风险转嫁给产业链地位弱势的国家。相比日本，中国某些产业在全球产业链中处在中低端地位，其产品可替代性强，缺少明显的"护城河"，因此当国际关系变化的时候不得不面对更加被动的局面。

二、第二架马车——投资

除了出口以外，较高的投资率一直是带动中国经济增长的另一架重要马车。

对于多数国家来说，如多数发达国家的三驾马车中，消费往往是占比最大的一部分。这些国家投资占 GDP 的比重明显低于消费占 GDP 的比重，但中国的情况是投资占 GDP 的比重一直很高，甚至超过了消费占 GDP 的比重。

当然，这跟一个国家的发展阶段也有关系。一般情况下，一个国家在粗放式发展阶段（工业化早期），投资对经济拉动的贡献较为明显，但随着经济的发展，投资对生产效率的提高作用逐渐减弱，而且还显现出各种弊端。比如，一个国家在社会生产力低下、供给不足的时候购买设备、扩大产能，可以快速带动经济发展，但到了通用产品普及、产品供给过剩的时候，继续采取扩大产能的方式，会逐渐降低资金使用效率。

不仅企业的投资是如此，政府部门的投资也是如此。一般情况下，政府部门的投资主要集中在国防、环保、教育、医院、水电、邮政、铁路、公路等公共产品领域和准公共产品领域。在粗放式发展阶段，政府对这些领域的投资对经济运行效率的提升作用会十分明显。但是，当这些领域的投资达到一定程度之后，即随着基础设施的完善，投资对经济效率的提升作用会不断减弱。

以公路建设为例，当交通体系还处在泥泞路阶段的时候，城市道路和高速公路的建设会大幅提高交通效率，原先 2 天的路程可能会缩短到 4 个小时，但公路建设达到一定规模之后，进一步投资对交通效率的提升效果会逐渐减弱。如果继续投资，后续的投入也可以提高交通效率，如可以缓解一定的拥堵现象等，可是从运输效率提升的角度来看，可能就是 4 个小时的路程变成 3 个小时而已，远没有 2 天路程变成 4 个小时的提升效果那么明显。公路建设进入饱和期之后，后续的照明投资、ETC 的建设等也会提高运输效率，但是其提高的程度也不会像刚开始那么明显，这些举措的作用更多在于改善交通运输的舒适性和安全性。

其他公共产品领域的投资，如铁路、机场、电网、通信网、医院和教育设施的建设均是如此。一般处在普及公共设施的阶段时，公共设施投资对经济效率的提升作用最为明显，但普及到一定程度，进入优化阶段的时候，其资金的投入对经济效率提升的作用会下降，除非这段时间正好赶上新一轮的技术革新。况且，政府部门，尤其是地方政府的投资不会局限于公共产品领域，还会在民营经济领域参与竞争，这会对民营经济产生挤出效应，不利于成本的优化和效率的提高。

由于中国早期的发展跟发达国家差距较大，购买国外设备、扩大产能、建设基础设施等可以快速带动经济发展，但随着生产力的提高、基础设施的完善，投资拉动的边际效应逐渐递减。同时，投资拉动带来的负面影响，如挤出效应、负债率提高等问题会逐渐显现。

三、第三架马车——消费

相比出口和投资，消费可以缓冲出口和投资带来的问题，有利于降低经济运行的风险。然而，中国消费受粗放式发展阶段的影响，不仅存在结构性不匹配问题，同时也存在整体性不足问题。比如，随着经济的增长，中国国民消费能力已大幅提高，消费者对产品的需求越来越细分化、越来越专业化，但是中国生产的产品较难满足日益多样化、细分化、专业化的需求，这也导致了大量的需求转向海外优质产品。

从中国目前情况来看，一方面有一定比例的富裕人群，他们主要购买炫耀性产品和高质量海外品牌；另一方面还有大量低收入人群，他们较难购买消费升级所需要的产品，其消费主要停留在基本生活用品上；而能推动国内产品转型升级，有利于促进国内产品专业化和细分化的中产阶级尚处于力量不足状态。

在一个国家的发展过程中，通过提高国民消费能力、优化消费结构来带动经济发展是降低海外依存度、实现可持续发展的重要方式之一。整体消费能力的提高和消费结构的优化，更是中等收入国家迈入高收入国家，乃至发达国家的必经之路。当然，整体消费能力的提升和消费结构的优化是一个漫长的过程。提高消费能力、优化消费结构，不仅跟生产方式的转变有关，还跟教育的普及、中产阶级群体的增加、分配制度的调整、社会保障制度的完善等诸多因素相关。刺激性政策或许能解决短期消费不足的问题，但是较难优化本身存在的消费结构错配问题。

除了以上因素之外，中国还面临着某些产业往更低劳动力成本国家转移的风险，如越南、泰国等。一方面，随着中国经济的发展和生产力的提高，中国的劳动力成本在不断提高;另一方面,随着中美之间从合作与共赢关系转变为竞争与冲突关系,不少海外企业在中国建厂会更加慎重,已在国内建厂的跨国企业也有更强的意愿把产线搬到更低风险、更低劳动力成本的国家。

总体来看,随着中国国内和国际环境的变化,中国经济愈发表现出出口拉动疲弱且充满不确定性、投资拉动边际效率下降、消费拉动乏力的特征。如同多数发达国家走过的历程一样,这些问题只有通过产业结构的转型升级、分配制度的调整才能得到较好的解决。

第二章　从高速发展到高质量发展的中国民营企业

第一节　中国民营经济的发展与地位的变化

改革开放以前，中国通过一系列政治运动，私有经济，包括个体劳动者的私人经济已被消灭殆尽，连农村人民公社社员保持的一小块自留地和家庭副业也当做"资本主义尾巴"被割除。[①] "割资本主义尾巴"的政策，不仅取消了农民自留地、不许农民私自喂养牲畜，有的连农民卖几个鸡蛋也被当作"投机倒把"，这就导致到1977年年底，中国几乎不存在民营经济，更不要说民营企业的存在。而如今，中国的民营经济创造了超过50%的税收、60%的GDP、70%的技术创新、80%的城镇就业，民营企业数量占比更是超过了90%。在这个过程中，民营经济不仅得到了市场的认可，更是不断提高了其社会地位（表2–1）。

表2–1　中国民营经济地位变化

时　间	地位变化	重要论断或标志性事件
十一届三中全会之后	民营经济开始得到认可	提出"一定范围的劳动者个体经济是必要补充""决不允许把它们当作资本主义经济来批判和取缔"等论断
中共十二大之后	民营经济正式得到认可	提出"个体经济是公有制经济的必要的、有益的补充"的论断。这一论断被写入《宪法》，原则上同意了私营经济的存在
中共十三大之后	保护民营经济的合法利益	《宪法》第十一条增加"国家保护私营经济的合法权利和利益，对私营经济实行引导、监督和管理"的条文
中共十四大之后	解除公有与私有的对立	明确我国经济体制改革的目标是建立社会主义市场经济体制

---

① 吴敬琏. 中国经济改革进程 [M]. 北京：中国大百科全书出版社，2018:82.

续表

时　间	地位变化	重要论断或标志性事件
中共十五大之后	民营经济从必要补充变为重要组成部分	提出"非公有制经济是中国社会主义市场经济的重要组成部分",第一次把私营经济纳入社会主义的基本经济制度
中共十六大之后	强调民营经济的平等待遇	中国的民营企业在投资核准、融资服务、财税政策、土地使用、对外贸易和经济技术合作方面的待遇大幅改善
中共十七大之后	进一步强调民营经济的平等待遇	首次提出"两个平等",进一步清理了市场限制,提高了对民营企业的服务能力
中共十八大之后	强调公平竞争	首次提出"市场在资源配置中起决定性作用",改变了中共十四大以来坚持了20多年的"让市场在资源配置中起基础性作用"的提法,提出"三个平等"
中共十九大之后	进一步强调公平竞争,强调高质量发展	提出"支持民营企业发展,激发各类市场主体活力。深化商事制度改革,打破行政性垄断,防止市场垄断,加快要素价格市场化改革,放宽服务业准入限制,完善市场监管体制"
中共二十大之后	进一步强调高质量发展	首次提出"高质量发展是全面建设社会主义现代化国家的首要任务",提出"实施就业优先战略,强化就业优先政策,健全就业公共服务体系,加强困难群体就业兜底帮扶"

一、工作重心的转移与民营经济被认可

中华人民共和国成立之后,中国的经济建设深受苏联的影响。例如,中国只承认公有制,如同列宁所说:"我们不承认任何私人性质的东西。"受这类观念的影响,中国理论界否定商品经济,试图跨越商品经济阶段直接进入产品经济阶段。由此,中华人民共和国成立后在30年内形成了与商品经济格格不入的计划经济体制,并相应建立了一种行政权力协调控制下的计划经济秩序,该秩序使得一切经济活动都围绕政府部门的行政权力运行。在这种环境下,生产资料只能由国家统一分配,产品价格由相关部门统一制定。这种发展方式带来了严重的经济问题:一是不合理的经济结构导致经济效益低下,二是就业问题突出。经济效益低下影

响经济健康持续发展和人民生活水平的提高，就业问题突出也不利于人民寻求谋生之路。面对即将走入绝境的经济发展局面，改革的呼声自下而上越来越高。

1978年，在"真理标准问题大讨论"这场重要的思想解放运动后，中共十一届三中全会作出将全党工作重心向社会主义现代化建设转移的决定，提出"一定范围的劳动者个体经济是必要补充""决不允许把它们当作资本主义经济来批判和取缔"等论断，并通过返还被查抄的存款、被扣减的薪金、被占用的私房等措施落实党对民族资产阶级的政策，由此民营经济开始萌芽。

但该时期中国"非公有制经济"这一概念尚未形成，其经济地位也没有正式得到认可，因此非公有制经济主要以个体经济的形式存在，一直处于灰色地带。中国在改革开放初期，实行的依然是高度集中的计划经济，对国家所有制的规定依旧为社会主义全民所有制和社会主义劳动群众集体所有制，个体劳动者的权益未能得到法律的保障。因此，虽然当时的"包工、包产、包干"等方式大幅调动了农民的积极性，也大幅提高了生产力，但在该时期，个体经济的存在只是为了解决燃眉之急、只是"昙花一现"的看法还较为普遍。为此，民众对这种没有得到正式认可的"包工、包产、包干"等个体行为充满着担忧。

然而，当经济得到一定程度的恢复之后，中国并没有取消"非公有制经济"，而是经过前期的默许试水、尝试发展，以及看到解放个人劳动力对经济发展的促进作用之后，中共中央在理论上认识到非公有制经济是公有制经济"必要的、有益的补充"。因此在1982年，中共中央、国务院发布关于农村经济政策的第一个一号文件，即《全国农业工作纪要》，提出"包工、包产、包干，主要是体现劳动成果分配的不同方法"，尤其在1982年召开的中共十二大上，再次提出了"个体经济是公有制经济的必要的、有益的补充"的论断。同年12月，这一论断被写入宪法，原则上同意了私营经济的存在。

承包责任制的正式确立，大幅调动了农民的积极性。从集体农耕到包产到户的转变意味着，农民不只是得到了集体生产的微小份额，还对自己额外劳动所得拥有了所有权。在这种激励制度下，人们愿意付出更多的劳动，一旦产量增加，就有更强的动力进一步提高农业劳动生产力。

随着"包产到户"的成功，农业开始复兴，农村工业也得到相应的发展。自1982年开始，中国的乡镇企业数量不断增加。首先，"包产到户"使农业生产效率明显提高，大量农村富余劳动力游离出来，为乡镇企业提供了充足的劳动力资源。其次，农业生产发展加上农产品收购价格的多次大幅度提高，使农民收入增加，不少农民开始具备了投资能力。这些都增加了推动乡镇企业发展的力量。尤其到了1984年，中央一号文件提出"鼓励集体和农民本着自愿互利的原则，将资金集中起来，联合兴办各种企业，尤其要支持兴办开发性事业"之后，我国无论是企业数量还是就业人数都开始快速增加。

20世纪80年代的改革，解放了生产力，激发了劳动者的活力，促进了经济的发展。但是，私营经济的发展和私人产权的认可也带来了不少问题。比如，强大的命令经济与处于从属地位的市场经济"双轨制"，以及生产资料的价格、利率、汇率"双轨制"，带来了明显的社会弊端；又比如，改革中产生了较为严重的通货膨胀，如1988年下半年零售物价指数比上年同期提高26.7%，爆发了全国性的商品抢购风潮。[1]

二、必要补充到重要组成部分

20世纪80年代末，在强调中国经济必须坚持计划经济性质的社会气氛下，各项改革有所停顿。1990—1991年期间，取得大量国有银行贷款支持的国有企业继续处于衰退状态，反倒是受抑制的民营经济逐渐展现出自己的活力。在这样的背景下，开始了一场"市场取向的改革是否正确"的大争论。[2] 1992年年初，邓小平先后视察武昌、深圳、珠海、上海等地，并发表了一系列重要讲话。

邓小平指出，"不坚持社会主义，不改革开放，不发展经济，不改善人民生活，只能是死路一条。基本路线要管一百年，动摇不得。只有坚持这条路线，人民才会相信你，拥护你。……改革开放胆子要大一些，敢于试验……看准了的，就大胆地试，大胆地闯。深圳的重要经验就是敢闯。没有一点闯的精神，没有一点

---

[1] 吴敬琏. 中国经济改革进程[M]. 北京：中国大百科全书出版社，2018:121-123.
[2] 吴敬琏. 中国经济改革进程[M]. 北京：中国大百科全书出版社，2018:123-125.

'冒'的精神，没有一股气呀、劲呀，就走不出一条好路，走不出一条新路，就干不出新的事业。……改革开放迈不开步子，不敢闯，说来说去就是怕资本主义的东西多了，走了资本主义道路。要害是姓'资'还是姓'社'的问题。判断的标准，应该主要看是否有利于发展社会主义社会的生产力，是否有利于增强社会主义国家的综合实力，是否有利于提高人民的生活水平。……计划多一点还是市场多一点，不是社会主义与资本主义的本质区别。计划经济不等于社会主义，资本主义也有计划；市场经济不等于资本主义，社会主义也有市场。计划和市场都是经济手段。社会主义的本质，是解放生产力，发展生产力，消灭剥削，消除两极分化，最终达到共同富裕。"[1]

邓小平的南方谈话在干部和民众的支持下取得了压倒性胜利，随即在全国范围内掀起了要求重启改革的热潮。这次谈话激发起的改革浪潮直接导致1992年中共十四大确立了社会主义市场经济的改革目标。具体来说，在所有制结构上，公有制包括全民所有制和集体所有制经济，且是主体，个体经济、私营经济、外贸经济是补充，多种经济成分共同发展，不同经济成分还可以自愿实行多种形式的联合经营。

中共十四大的召开不仅标志着社会主义初级阶段所有制结构理论初步形成，更解除了公有与私有的对立。之后，中国还推进了对国有企业改革实行"抓大放小"的战略，加快国有企业改革改组步伐。其中，"抓大"就是集中精力抓好一批关系国家命脉、体现国家经济实力的大型国有企业；"放小"就是把一般扭亏无望的、产品没有市场的小型国有企业，或者兼并、承包，或者卖掉、破产，即把这些企业放到民营经济当中。

1997年召开的中共十五大第一次把私营经济纳入社会主义的基本经济制度，明确了非公有制经济在社会主义市场经济中的重要地位。中共十五大报告强调，"公有制为主体、多种所有制经济共同发展，是中国社会主义初级阶段的一项基本经济制度"，同时提出，"非公有制经济是中国社会主义市场经济的重要组成部

---

[1] 国家发展改革委宏观经济研究院经济研究所.改革：如何推动中国经济腾飞[M].北京：人民出版社，2019:64.

分，对个体、私营经济等非公有经济要继续鼓励、引导，使之健康发展"。中共十五大把对个体、私营经济等非公有制经济的认识，提高到了一个崭新的高度，即实现了从个体私营经济是社会主义经济的"必要补充"到"重要组成部分"的飞跃。

三、体制性开放与两个平等

经过20世纪80年代商品经济的尝试和一系列的改革，到了20世纪90年代，中国已初步建立了市场经济的基本框架，民营经济也得到了前所未有的发展，不仅民营经济国民生产总值占比快速提高，更是培养了美的、创维、格兰仕、娃娃哈等一批大型企业。但该时期的中国市场，行政壁垒依然较多，企业和企业之间的公平竞争局面尚未形成，多个领域的要素流动依然受到较大阻碍。比如，地方政府凭借行政权力，在一些领域设置进入壁垒，减少本地企业的竞争对手，或者通过多种渠道和各种方式直接干预企业生产经营活动的事情时常发生。

中国市场的透明度和公平性大幅得到改善是中国在2001年加入世界贸易组织（WTO）之后。加入世贸组织之后，中国作为该组织的成员方，必须遵循世贸组织的基本原则，如无歧视待遇原则，最惠国待遇原则，国民待遇原则，透明度原则，自由贸易原则，公平、平等处理贸易争端的原则等。在这种要求之下，中国无论是主动还是被动，都需要向更加市场化和法治化的体制靠近，不得不加快国内外贸易一体化进程，形成稳定、透明的涉外经济体制，创造公平可见的法律环境，以便确保各类企业在对外经济贸易活动中的自主权和平等地位。为了达到以上要求，加入世贸组织后，中国进一步改革和完善法律体系。政府通过减少直接经济权利、降低准入壁垒、改革审批制度等方式不再对经济事务进行直接控制。

中国加入世贸组织不仅提高了政府的行政效率、透明度和公平性，也大幅提高了企业的生产效率和危机感。加入世贸组织后，中国多数曾经受保护的垄断性企业受到了较大冲击。外资的进入，不仅让竞争性领域内的企业面对许多强有力的竞争对手,而且原本国有企业一统天下的垄断性行业也因放松管制而面临严峻的挑战。国有企业原有的牌照优势和特殊关照通道逐渐被削弱,不得不在更加公平的环境中与诸多企业进行竞争。

加入世贸组织之后,无论是民营企业还是国有企业,为了适应激烈的国际市场,不得不从依赖政府的角色快速转变,转而采取自负盈亏、管理模式创新、研发投入加大、人力资本管理等措施。比如,中国的机电、化工等行业,入世后,高关税、进口配额等市场保护政策逐步取消[①]。这就迫使在保护期内,企业要努力改善经营管理,降低生产成本,提高产品质量和市场竞争力,以便保护期结束之后,在公平的市场环境中保持竞争力。

中国加入世贸组织之后,民营经济改革也开启了新篇章。2002年,中共十六大报告第一次提出"必须毫不动摇地鼓励、支持和引导非公有制经济共同发展",大幅提高了民营经济的地位。

二十世纪八九十年代,国有企业是中国经济的主体,可以享受市场准入、税收、投资等一系列优惠,而民营经济是"公有制经济的补充",只有在少数领域能参与经营活动,而且还要受各类不平等待遇。但在中国入世及中共十六大提出的"必须毫不动摇地鼓励、支持和引导非公有制经济发展"政策鼓励下,中国的改革开放进入了全面深化阶段,不仅从早先单边的自主性开放向多边框架下的相互开放转变,更是从20世纪90年代的政策性开放逐渐转向体制性开放。中国的民营企业在投资核准、融资服务、财税政策、土地使用、对外贸易和经济技术合作方面,有更好的条件跟国有企业享受同等的待遇。

继中共十六大之后,中共十七大报告提出"坚持平等保护物权,形成各种所有制经济平等竞争、相互促进新格局",首次强调了公有制经济和非公有制经济

---

① 中国在2001年入世谈判时,其中一条谈判原则是"坚持以发展中成员方身份加入"。坚持这一原则使得中国争取到了一些优惠待遇。比如,在开放外贸经营权方面,外贸经营权由"审批制"过渡到"登记制"的期限是入世后3年;关税总体水平由入世前的14%降到10%,最长实施期到2008年;非关税措施方面,不再保留的非关税措施,在入世后1~3年内完成等。根据2011年12月7日国务院新闻办发布的《中国的对外贸易》白皮书,截至2010年,中国加入世界贸易组织的所有承诺全部履行完毕。

的平等地位。"两个平等"是中共十七大报告关于民营经济的最大亮点。在"两个平等"的要求下，中国营造出了更平等的市场准入环境和发展环境，加快了民营经济"国民待遇"的步伐。从具体措施角度来看，进一步清理了市场限制，深化前置审批告知承诺制等扶持个私经济发展的举措，优化环境，强化服务，简化登记手续，削减审批程序等。

四、市场发挥决定性作用，从公平竞争到高质量发展

中共十八大拉开了新一轮改革的序幕。2012年11月，中共十八大提出毫不动摇地鼓励、支持、引导非公有制经济发展，保证各种所有制经济依法平等使用生产要素、公平参与市场竞争、同等受到法律保护。十八届三中全会通过的《中共中央关于全面深化改革若干重大问题的决定》以全面深化改革为主题，展开完善基本经济制度部署，不仅强调了"公有制经济和非公有制经济都是社会主义市场经济的重要组成部分，都是我国经济社会发展的重要基础"，更是首次提出了"市场在资源配置中起决定性作用"，改变了中共十四大以来坚持了20多年的"让市场在资源配置中起基础性作用"的提法。

十八届三中全会还强调，"要坚持权利平等、机会平等、规则平等，废除对非公有制经济各种形式的不合理规定，消除各种隐性壁垒，制定非公有制企业进入特许经营领域具体办法"。2017年《政府工作报告》提出，凡是法律法规未明确禁入的行业和领域，都要允许各类市场主体平等进入；凡是向外资开放的行业和领域，都要向民间资本开放；凡是影响市场公平竞争的不合理行为，都要坚决制止。从"三个平等"的提出到2017年的《政府工作报告》可看出，党和国家下定决心破除垄断，建设公开透明、统一开放、公平竞争市场体系的决心，改革的思路也从21世纪初的平等竞争逐渐转向公平竞争。

在经济发展方面，中共十九大再次把改革的重点放在了公平竞争上。中共十九大提出："支持民营企业发展，激发各类市场主体活力。深化商事制度改革，打破行政性垄断，防止市场垄断，加快要素价格市场化改革，放宽服务业准入限制，完善市场监管体制。"可以看出，中共十九大着重关注了公平竞争。除此之外，

中共十九大还强调了经济发展方式的转变。例如，在发展方式上，中共十九大提出"我国经济已由高速增长阶段转向高质量发展阶段"的论断，改变了中共十八大提出的"加快形成新的经济发展方式，把推动发展的立足点转到提高质量和效益上来"的论述方式。

在疫情影响、中美贸易冲突、国际环境突变等大环境中，中共二十大把更多焦点放在了高质量发展、人才培养、就业稳定等方面。例如，中共十九大提到了2次"高质量发展"，而中共二十大提到了9次"高质量发展"。尤其针对高质量发展，中共二十大首次提出"高质量发展是全面建设社会主义现代化国家的首要任务"的重要论断。从中共十八大到中共二十大对经济发展方式的描述可以看出，2010年代以来，中国经济发展过程中内在矛盾的变化。未来，实现高质量发展是中国提高国家竞争力、提高国际地位、经济实现双循环、拉动内需、提高经济抗风险能力，乃至实现共同富裕的毕经之路。

除了高质量发展，就业稳定也是中共二十大重点关注的焦点。在就业方面，中共二十大提出"实施就业优先战略，强化就业优先政策，健全就业公共服务体系，加强困难群体就业兜底帮扶，消除影响平等就业的不合理限制和就业歧视"等论断。无疑，民营企业作为就业的吸纳器，其重要性不言而喻。

第二节　中国民营企业发展的内在逻辑

自从1978年十一届三中全会拉开"以经济建设为中心"的序幕之后，中国的民营经济快速发展，现已成为中国经济的重要组成部分和中国经济发展中的重要推动力量。不仅如此，中国民营经济在中国发展的每一次重大改革中都得到了进一步的政策支持，如从改革开放初期"默许发展"到20世纪80年代的"必要补充"，从20世纪90年代"重要组成部分"到21世纪初期的"毫不动摇地鼓励、支持和引导"和"两个平等"，以及到2010年代大力推进"公平竞争"和"同等待遇"，可以看出中国民营经济在发展过程中社会地位不断提高。

那么，改革开放之后，民营经济的快速发展和社会地位的不断提高是偶然的结果还是必然的趋势呢？是什么因素支撑着民营经济不断发展呢？后续发展中，民营经济的力量会不会变弱呢？想要得到这些问题的答案，就得先了解民营经济的特性及优缺点。

首先，民营企业是唯效率导向的企业。

民营企业是产权清晰、权责明确、自主经营、自负盈亏的市场主体。这决定了民营企业经营的目的就是赚钱，实现盈利。当然，不同的企业对盈利的理解和定义有所区别，有些企业看的是短期内可实现的利润，有些企业看的是以企业长期竞争力为基础而产生的利润。虽然不同的民营企业对盈利的理解及对应的布局各不相同，但是十分明确的一点就是，民营企业经营的目的就是实现利润。

民营企业的这种盈利导向的特性带来的是民营企业在开展业务时最为注重的是效率，因此一般不会开展跟企业竞争力提高和企业利润兑现相关性不大的事务和工作。这是民营企业和国有企业区别较大的地方。国有企业也有盈利性要求，但盈利并不是国有企业唯一的经营目的。国有企业的经营目标存在多样性，例如，国有企业不仅有盈利性要求，还要配合国家政策推行和国家战略开展业务，在民生、就业、公共领域等方面承担更多责任。这就决定了国有企业在开展业务的过程中，无法完全聚焦于企业经营效率。

市场经济的最大特性就是竞争性，在这种环境里，只有效率导向的企业才能在残酷的竞争中有更多机会胜出。因为，一个企业只有具有效率导向，才会有足够的动力降低成本、进行创新。想要降低成本，企业必须不断改善生产要素之间的关系，在这个过程中会出现生产管理的优化、人员管理的优化，以及更高生产效率设备的研发等。创新也是如此。当产品之间的成本竞争较激烈的时候，企业想要在竞争中获胜，就不得不想尽办法创新，提高产品的附加值。在这个过程中，新技术、新工艺、新产品、新模式、新创意等就会出现。然而，降低成本和创新恰好是提高经济效率、促进经济增长的核心因素。也正因为如此，中国选择市场经济至今，民营企业能够源源不断地得到力量。

当然，民营企业唯效率导向、唯利润导向的特性也会带来不少问题。比如，在唯利益驱动之下，不少民营企业就把生产过程中产生的污染转嫁给了政府和社会，自己尽量不去承担该方面的责任；民营企业在开展业务时也会更多地采取投机行为，而这些投机行为带来的是安全事故频发、偷工减料、虚假宣传等问题。虽然民营企业存在这些负外部效应方面的问题，但从国外的发展经验来看，这些问题可以通过加强监管和推进法治化来得到较好的改善。

其次，民营企业的创新有益于产业的高端化、多样化、细分化和专业化。

同样是创新，国有企业和民营企业的创新风格有较大的区别。国有企业的创新更容易表现出稳健性和战略性，而民营企业的创新则更容易表现出市场敏感性、自发性和多样性。

从资产性质上来看，国有企业经营的是国有资产而非个人资产。国有企业不仅有盈利性要求，更有较强的资产保值性要求。国有企业的这种特性决定了其开展业务的时候不会采取激进的方式，而是会采取更加稳健的经营策略。而且，国有企业的控股股东为国家和政府，而非个人，即使企业获得高额盈利，资产大幅增值，也不属于个人资产，分配给个人的利益也相对有限。这就导致国有企业的激励机制较难像民营企业一样有力和灵活多变。国有企业诸如此类的特性会导致其创新比较稳健，而不像民营企业一样，有足够的动力去尝试各种新技术、新模式、新创意。

当然，这并不意味着国有企业缺少创新动力。不少国有企业承担着国家战略目标，也有很强的创新动力和创新压力，但是这种创新更多地表现出方向性和稳健性。这种特性使国有企业在战略性领域（军事、航空航天等）以稳健性的研发、策略性的投入建立了一定的优势。

而民营企业却不同。相比国有企业，民营企业的创新更容易表现出市场敏感性、自发性和多样性的特征。在市场敏感性方面，民营企业有明确的盈利导向性，同时具备更为灵活的激励机制等，所以其创新是贴合市场的创新，如有更高的时效要求、着重考虑产业化的可行性等。大多数民营企业不会像国有企业一样，在时效不确定、产业化可行性不确定的领域进行大量投资。在充分竞争市场中的民营企业，只有比别人创新得更快、更有特色，才能提高竞争力，并在竞争中获胜。

更为重要的是，民营企业的这种充满危机感的创新特性，带来的是不确定方向上的创新，是五花八门的、百家争鸣的创新。同时，也正是这种不确定方向上的尝试和创新促使了新模式、新创意、新技术、新工艺层出不穷，并不断促进了产业结构的高端化、多样化、细分化和专业化。

目前的中国正处在从高速发展到高质量发展的转型时期。这意味着，中国未来的发展越来越需要自主的、多样化的创新。中国只有确保民营企业的健康发展，才能更好地保障创新的市场贴合性，才能更好地保障创新的多样化和细分化。因此，中国在高质量发展之路上，民营企业的重要性不会减弱，只会越来越强。这一点和《人民日报》评民营经济《只会壮大、不会离场》的文章中所讲述的一样："正是无数民营企业的分散化、多元化决策，才能够创造出坐在办公室想不出来的新产品、新业态、新商业模式，给中国经济带来新的可能性与想象力。"

再次，民营企业，尤其中小企业是就业的吸纳器。

保持良好的就业环境是一个国家保持经济发展、社会稳定不可或缺的因素。对于一个经济体来说，中小企业是吸纳劳动力的主要载体，在大多数国家，尤其是多数发达国家中，中小企业创造了 65% ~ 80% 的就业机会。

那么，为什么在就业吸纳方面，中小企业起着更重要的作用呢？笔者认为其原因主要包括以下两点。

一是多数中小企业因缺少资本优势，只能用更多的劳动力来替代机器。在一个经济体中，大企业普遍具备较大的资金规模，可以买更好的设备，因此相比中小企业有更好的条件开展资金密集型、设备密集型业务。而中小企业普遍资金规模较小，较难大量购买高端设备，只能利用更多的劳动力来替代设备。这自然导致了相同的产出中，中小企业的劳动力密集度更高。

二是随着经济的发展，第三产业（服务业）GDP 占比会提高，而第三产业通常以灵活性要求较高的中小企业为主。一般情况下，一个国家从农业国到工业国的发展过程会按照第一产业（农业）、第二产业（轻工业和重工业）、第三产业（服务业）的顺序来推进。前面一个产业的发展会成为下一个产业发展的基础。

如农业的发展,首先带动的是轻工业的发展。早期轻工业原材料大部分来自农业,如食品加工、纺织用品、皮革用品、纸张等原材料均来自农业。

轻工业发展顺利,能为重工业发展奠定基础。相比轻工业,<u>重工业的发展以较多的资本积累和技术积累为前提</u>,即重工业相比轻工业有更为明显的资金密集型、技术密集型特性。不难想象,投建钢铁厂所需的资金门槛和技术门槛要比投建纺织厂高很多。

一个国家在发展轻工业的过程中,不仅会积累资本,也会培养工业化需要的人才。当国家积累了一定的资本,培养了较多产业工人之后,随之而来的是重工业的发展。在轻工业发展良好的情况下,推进重工业的发展,有利于轻工业和重工业的有机结合。例如,早期轻工业的主要原材料来自农业,但随着重工业的顺利发展,轻工业发展所需的原材料、动力能源、机械设备跟重工业的关系会越来越密切,比如自行车、手表、家电、汽车的生产都需要以重工业为基础。

一个国家轻工业和重工业发展顺利,意味着生活用品越来越丰富。这时候开始加速发展的是第三产业,即服务业。第三产业主要包括交通运输、仓储和邮政业,计算机服务和软件业,批发和零售业,金融业,房地产业,卫生、社会保障和社会福利业,文化、体育和娱乐业等行业。第三产业的主要特性表现为第一产业(农业)和第二产业(轻工业和重工业)的再分配。第三产业的快速发展,能大幅提高居民生活质量,让该国国民从以生存为主的阶段逐渐转向以生活为主的阶段。一个国家第三产业快速发展时期,常常也是该国国民对产品附加值要求快速提升时期。[①]

多数国家经济发展到一定程度之后,GDP中第三产业的比重会占到最大,

---

① 经济发展是循序渐进的过程,一个农业国变成一个工业国的过程中,每一个阶段都为下一个阶段打下基础。如果在上一个阶段没打好基础的情况下,贸然选择跳跃式发展,可能会带来经济结构失衡、经济效率降低等问题。比如,重工业的发展需要大量的资本支持,因此一个轻工业都没有发展好的国家,优先发展重工业,很可能会因缺乏资本积累、缺乏内部造血能力、缺乏技术积累,较难推进重工业的多样化和持续性发展。自然,这种发展方式也不利于经济的健康持续发展。在这方面,苏联的发展模式及中国改革开放之前重工业优先的发展阶段都是可参考的例子。

例如，现在中国第三产业 GDP 占比已超过 50%，西方发达国家第三产业比重普遍超过 70%，甚至更高。跟农业、轻工业、重工业不同，服务业普遍是个性化和灵活性要求较高的行业，如交通运输，计算机服务和软件业，批发和零售业，文化、体育和娱乐业等行业都是如此。因此，第三产业的发展需要以大量中小企业的发展为支撑。如果一个经济体中缺少中小企业的生存环境，那么该国家的第三产业，即服务业也会缺少发展的土壤。目前，中国第三产业 GDP 占比刚超过 50%，离发达国家普遍达到的 70%～80% 的占比仍有不小差距。因此，随着中国经济的发展，第三产业的比重也会进一步增加，自然，在这个过程中，中小企业吸纳就业的重要性也会进一步加强。

总体来看，改革开放以来，中国的民营企业在从无到有、从小到大的过程中不断汲取了市场的力量，也不断得到了政策的支持。笔者认为这并非偶然结果，而是必然趋势。因为，民营企业的存在不仅有利于提高生产效率、降低生产成本，也有益于创新，而市场经济的核心优势就是效率和创新。因此，一个经济体只要选择的是市场经济，只要不放弃市场经济中的效率和竞争力因素，那么民营经济就有立足之地，并会不断得到支持和取得发展。其实这就是马克思提出的经济基础决定上层建筑的逻辑。除此之外，从就业特性上来看，民营企业又是就业的吸纳器，民营企业的发展，尤其大量中小企业的发展，有益于社会的稳定。也正因为如此，中国的民营经济从改革开放至今，能够不断得到发展、不断得到政策支持。

第三节　高质量发展下的机遇与挑战

中国经过数十年的高速发展，逐渐摆脱了生产力落后、供给不足的困境，但在这个过程中也留下了"不平衡、不协调、不可持续"的问题，正面临着"总量扩张"向"结构优化"的转变阶段，即进入了高质量发展的阶段。

从发展特性来看，高质量发展至少应该包括经济环境的高质量发展和社会环境的高质量发展两个方面。其中，经济环境的高质量发展需要解决的是生产方式从技术驱动到科技驱动的转化，以及经济增长结构（包括产业结构、投资消费结构、区域结构等）的优化；社会环境的高质量发展需要解决的是一个国家除了建立丰富的物质文明之外，还要建立良好的福利制度，推进精神文明和生态文明建设。

一、经济环境的高质量发展

一个后发追赶国家在从落后的经济状态逐渐追赶发达国家的过程中，多半会经历模仿和引进、消化和改良、发明和创造三个阶段。

对于后发追赶国家来说，模仿和引进式发展主要是在工业化早期阶段。因为那时的后发追赶国家缺少资本积累和技术积累，缺少熟练工和技术员工，只能引进国外相对简单的设备来进行生产。在该阶段，企业主要采用半机械化、机械化、半自动化、自动化的生产方式。该时期的劳动力多半来自农业，缺少工业生产的技能，更多的只能从事简单的重复性劳动。

由于模仿和引进式发展阶段生产方式较为简单，在这个阶段的工人无须对设备有复杂的理解，更不需要对生产制造原理有系统性、专业性的掌握。工人只要能熟练运用生产设备，当生产环节出现问题时可以解决问题，就能很好地胜任该工作。正因如此，在这个阶段，绝大多数工人可以通过师徒制来培养。在工作中学习，即"干中学"，足以满足企业生产发展的需求。韩国在二十世纪六七十年代，日本在明治维新之后，中国在改革开放早期都经历过类似的阶段。

一个经济体经历一段时间的模仿和引进式发展之后，就会逐渐进入以消化和改良为主的发展阶段。在该阶段，多数企业开始运用复杂的设备，甚至通过反向工程等方式吸收和消化国外技术。

在以消化和改良为主的发展阶段，一个经济体不仅需要大量的熟练工人，更需要大量的技术工人和研发人员。因此，在这个阶段，国家对技术和教育的重视十分重要。如果一个国家在这个阶段重视高等教育，重视技术人员的培养，就会大幅加速这个国家从模仿和引进阶段转向消化和改良阶段的过程。韩国在二十世纪七八十年代，日本在二十世纪六七十年代都经历了以消化和改良为主的发展阶段。从中国的情况来看，中国正处在从以消化和改良为主逐渐转型为以发明和创造为主的阶段。

在消化和改良时期，多数企业不仅具备较强的国外技术（包括管理）消化能力，也具备一定的改良能力，并能根据自身企业的特性进行调整和改良。从出口企业的角度来看，在模仿和引进时期，多数企业采取的是以代工（OEM）为主的生产方式，到了消化和改良时期，多数企业开始具备一定的自我设计和自我改良能力，其出口的产品也从 OEM 产品逐渐转向 ODM 产品。

对于多数后发追赶国家来说，从模仿和引进为主的阶段发展到以消化和改良为主的阶段并不是一件困难的事情。在这个过程中，一个经济体只要能够保障社会稳定，并重视经济发展，都能顺利进入以消化和改良为主的阶段。可是，一个经济体从以消化和改良为主转型为以发明和创造为主的阶段，并不是一件容易的事情。因为，一个经济体想要进入以发明和创造为主的阶段，光靠培养人才和重视技术还不够，必须要创造出有利于公平竞争的环境。

对于尚处在模仿和引进或消化和改良阶段的国家来说，公平竞争环境的搭建并不是最为重要的任务。因为处在这个阶段的国家跟发达国家有较大的技术差距，只要能较好地确保技术引进渠道，就可以通过消化和吸收国外先进的技术快速提高生产能力。

但是，一个经济体要想进入以发明和创造为主的阶段，就必须创造出有利于公平竞争的环境。其原因有二。一是进入以发明和创造为主阶段的经济体，已跟发达国家技术差距不大，很多技术已不再是发达国家中落后的技术，而是跟发达国家同一时代的技术。在这种情况下，后发追赶国家进一步引进国外先进技术的渠道会被堵塞，引进成本也会大幅提高。因此，要想突破这种困境，必须提高民族企业自身的发明、创新、创造能力。二是缺少公平竞争的环境，很难调动多数人的创造热情。

然而，对于多数后发追赶国家来说，公平竞争环境的搭建却是一个充满艰辛的过程。因为在这个阶段，新兴力量的发展通常会受到那些既得利益者阻碍。更为严重的是，如果在这个阶段不进行改革，不创造公平的竞争环境，那么由于粗放式发展阶段过度重视规模、劳动阶层缺少谈判地位等，又可能会造成内需不足、腐败加剧、贫富差距扩大、中小企业发展空间不足等问题。很多国家都在这个阶段出现了这些问题，如俄罗斯、菲律宾、阿根廷、巴西等国家都是很典型的例子。只有少数国家，如日本、韩国、新加坡等顺利解决了这些问题，进入了以发明和创造为主的阶段，并逐渐成了发达国家。

下面以俄罗斯为例进行介绍。俄罗斯是高等教育普及率很高的国家，其高等教育毛入学率很早就超过了50%（中国2019年才达到50%），不仅远超多数发展中国家，更是达到了一些发达国家的水平。但是，俄罗斯的经济并不发达。俄罗斯虽然有较高的人均GDP，但它依靠的是资源禀赋，而不是科技能力。例如，俄罗斯的国土面积几乎是中国的两倍，但是俄罗斯的人口却不到中国的1/8。这意味着，俄罗斯人均享有资源是中国人均享有资源的16倍不止。除此之外，俄罗斯在石油、天然气、金属矿产、农业资源和海洋资源禀赋上也远优于中国。可是，自然资源禀赋这么好的国家，现在人均GDP却跟中国差不多。因此，如果在俄罗斯人均GDP中剔除掉自然资源禀赋带来的影响，那么俄罗斯的人均GDP远低于中国。

如果进一步剖析俄罗斯的经济特色会发现，俄罗斯的大多数民族工业一直以来都处在落后、弱小的状态。其原因在于，俄罗斯不具备公平竞争的环境，俄罗斯各个领域中既得利益者阻碍民族工业发展的情况也十分严重。正因为如此，俄罗斯除在政府重视的少数领域，如航空航天、军事工业等领域具备国际先进的水平之外，在多数领域依然处于落后、弱小的状态。

在这方面韩国却是个相反的例子。韩国的人均资源禀赋远不如中国，跟俄罗斯这种自然禀赋优越的国家更是无法比较，但韩国不仅顺利进入了以发明和创造为主的阶段，更是成了发达国家。如果追其原因会发现，韩国除了重视科学与技术，并大量培养高等教育人才之外，从20世纪80年代开始，更是通过各方面的改革不断创造出了有利于公平竞争的环境。这些措施包括限制财阀的盲目扩张，限定他们的业务范围；扶持中小企业，为其提供各种优惠政策；加强知识产权保护；降低政府干涉力度；提高市场自由度；通过电子化来提高政府运营效率等。在一系列改革措施的推动之下,韩国大幅改善了20世纪80年代之前大企业与中小企业之间不公平竞争的环境,形成了大型企业与中小企业产业配套较好、竞争较为公平的环境。

可以看到,在以发明和创造为主的阶段,最为重要的是人才的培养和公平竞争环境的搭建。人才的培养可以为以发明和创造为主的阶段提供源源不断的人力资源,而公平竞争环境的搭建可以为这些人才提供发挥自我才能的平台。一个经济体即使培养再多的人才,但是缺少人才的用武之地,那么也很难较好地促进经济的发展。

从高质量发展的特性来看,一个经济体只有从以模仿和引进、消化和改良为主的阶段,进入以发明和创造为主的阶段之后,才能真正被认为是进入了高质量发展阶段。

从中国的情况来看,在人才培养方面,中国从20世纪90年代至今,已经培养了大量的高等教育人才,现在中国高等教育毛入学率远超大多数发展中国家,正在快速接近发达国家。但是,在创造出公平竞争环境方面,中国还有很长一段路要走。虽然中国也在通过各方面的努力,不断创造有利于公平竞争的环境,但在不少领域,企业之间的公平竞争环境并没有搭建好,例如,国有企业和民营企业公平竞争的环境、大型企业和中小企业公平竞争的环境,都还有进一步改善的空间。

之前,中国产业结构高端化、高质量发展是有序的缓慢推进过程。但是,中美关系的变化打乱了这个节奏。随着中美竞争与冲突的加剧,中国不得不加速产业结构转型,加速提振内需,加速提高国际市场里中国企业的地位。只有这样,中国经济才能平稳换挡,才能在日益严峻的国际环境中更好地发展。这意味着,在未来发展中,中国会进一步加速创造出有利于公平竞争的环境。无疑,在这个过程中受益最为明显的是民营企业。

二、社会环境的高质量发展

想要推进社会环境的高质量发展,不仅要建立强大的物质文明,也要建立健康的生态环境。

改革开放初期，中国通过消耗大量不可再生资源和采取环境不友好的方式推动了中国经济的发展。在这种发展方式下，中国制造业单位产品能耗和资源消耗远高于国际先进水平，单位产值伴随的污染排放量远远高于发达国家，如中国单位 GDP 能耗是世界平均水平的 2 倍左右，是日本和德国的 5 倍左右，是美国的 3 倍左右。中国的二氧化碳排放量、二氧化硫排放量、化学需氧量、氮氧化物排放量均居世界首位，雾霾、水污染、土壤重金属污染等已经成为影响生态环境和人民生活的社会"公害"。

中国正从经济大国向经济强国迈进，不仅经济实力快速提高，科技实力也在快速提升。随着中国的发展壮大，中国也在积极参与国际秩序的竞争，力图在国际秩序中寻求更多的组织权和发言权。这也意味着，中国的一举一动会越来越多地受到国际的关注。因此，中国要想在国际上得到更多国家的认可，那么其增长方式就必须转型为有益于国民安居乐业的、健康的、绿色的、低污染的增长方式。

对于一个国家来说，在国际环境中拥有更多的发言权，在维护国际秩序的组织中掌握更多主动权，恰恰是能更好地保障国内经济发展、提高经济抗风险能力的重要手段。因为，一个国家在国际环境中提高主动权和发言权的过程中，让其他国家信服的不仅仅是其经济实力、军事实力和科技实力，也包括良好的人文生态环境。例如，"二战"之后的日本虽然已不具备军事强国条件，但其科技的、绿色的、健康的增长方式使其有良好的条件在环境外交上寻得突破。

从这个角度来看，在未来发展中，中国对有益于国民安居乐业的、健康的、绿色的、低污染的增长方式的要求不会变低，只会越来越高。对于民营企业来说，这意味着各方面成本的上升。因此，民营企业要想长期立足于变化的趋势，就必须做好相应的准备。

三、高质量发展下民营企业的变化

无论是从中国产业所处的阶段来看，还是从国内外的环境变化来看，中国只有进入高质量发展阶段，才能顺利解决目前存在的各方面问题。例如，中国产品在国际产业链中处于中低端位置，可替代性强，缺少议价能力的问题；中国目前依然以外贸拉动和投资拉动为主，国民的消费能力弱的问题；中国产业结构性错配现象明显，贫富差距较大等问题。这也意味着，在中国从高速发展到高质量发展的趋势下，对民营企业来说，挑战与机会并存。

首先，在中国从高速发展到高质量发展的趋势下，被迫扩张的时代会逐渐远去。

笔者在调研诸多企业的过程中发现了十分有趣的现象。当笔者问企业家"若有充足的资金，下一步最想做的是什么事情？"的时候，不少企业家的回答是"干掉隔壁的企业"或者"干掉某某竞争对手"。对于这类回答，如果笔者再问"如何干掉对手企业？"那么他们通常会回答，买更好的设备、新设厂房、降低单位生产成本、提高人均产出等。

企业的这种竞争思路不难理解。由于中国不少地方的企业以产业集群的形式存在，因此在同一片区域，常常有较多生产相同产品的企业。这也导致他们资金充足时，首先想做的就是淘汰对手从而赢得竞争。当然，企业家的回答并非千篇一律，但多数传统企业的回答都有颇多类似之处，那就是若有充足的资金，最想做的就是扩大产能、降低成本，并以此来淘汰竞争对手。

不少人对企业家的评价是大部分企业家都十分贪婪，明明很富裕，有用不完的钱，但依然想尽办法多赚一点，如想方设法延长劳动时间，提高劳动强度，在采购、生产和销售过程中竭尽全力省每一分钱等。正因为如此，很多人常常会用"万恶的资本家""贪婪是老板的本性""剥削成性"来评价企业家的种种行为。然而，这种现象从企业家的视角去看的时候会有所不同。多数企业家虽然有充足的资金，但依然想尽办法节省成本的原因，并不是他们贪婪，而是他们面对的是残酷的竞争，或者说他们在竞争压力下不得不这么做。如果剥开他们看似贪婪和华丽的外衣，其实不少企业家自己也十分节俭，生活很规律。虽然他们有充足的资金，但多数人并没有过奢靡的生活，加班、自律也是其日常。

在粗放式发展模式下，企业之间的竞争优势主要表现在产品的成本而非附加值上。在这种环境下，企业只有扩大产能，提高规模效应，降低生产成本，才能在竞争中获得优势。在这种竞争环境下，多数企业家感受到的是长期的压力和挥之不去的焦虑。通常情况下，员工关注更多的是工资的多与少、福利待遇的好与坏等，但是，对于企业家来说，如果没有积累充足的资本来赢得竞争，遇到的可能就是"生与死"的问题。

对于资本的特性，马克思早已有阐述。他认为，资本的特性就是形成垄断。马克思对"资本家"的定义，最精确的描述是"资本的人格化"。在"资本的人格化"下，资本家不是一个具体的人，而是由资本所定义、为资本所操控的一种反应和一种活动，即资本家只是"资本的物化"。作为"资本的人格化"，资本家主要是为资本服务，创造更多的"资本再生产"，让资本不断扩张和积累。因此，企业家的贪婪不是出于个人所选择的道德堕落，而是其社会角色所带来的必然。一旦资本控制了生产工具，资本就必然会变得越来越集中，因为资本的本质是扩张的，而且越大的资本家扩张越快，也会积极地吞并小的资本家。

在自由资本主义走向垄断资本主义的过程中，马克思的诸多预言都得到了证实。在自由资本主义走向垄断资本主义的时期，在资本的这场大游戏里，企业家也是被卷入竞争的渺小个体。在这个阶段，企业家只有不断扩大再生产才有可能在竞争中获胜，并最终能生存下来。如果企业规模扩张速度慢于别人，或者成本降低速度慢于别人，其可能的结果就是被别人吞并或者被淘汰。

中国改革开放至今，也经历了颇为类似的过程。在粗放式发展模式下，多数企业的竞争优势主要来自规模优势和成本优势。企业只有拥有充足的资本才能买更好的设备，快速扩大产能，进而在竞争中获胜。这也就是为什么多数企业家即使有充足的资金，也依然想尽办法降低生产成本。

但这种生产方式存在时代的局限性，资本的逻辑也随着时代的变化而变化。一味降低成本的竞争方式，在知识经济时代和高质量经济发展过程中很难持续。

在粗放式发展模式下，企业生产的产品有较大的雷同性，因此企业最想做的就是扩大产能、降低单位生产成本。遗憾的是，采取这种策略的企业往往不止一家，很多企业都倾向于这样做。其结果是产能进一步过剩和竞争进一步加剧。

很多企业认为，扩大产能就会获得竞争优势，可现实情况往往更加残酷。现实情况是，企业好不容易淘汰了一些竞争对手，但在资本的催动下，市场一旦出现一部分空白，又会有一批有更好设备、更低生产成本的企业涌进来。中国的水泥、纺织等行业在发展过程中都出现过类似的情况。在这种竞争模式下，多数企业的命运都是被淘汰或被吞并，只有少数企业能存活并发展壮大。

除此之外，中国经过数十年的快速发展，多数行业已进入了成熟期，多数传统产业已经发展得较好，各个行业都出现了较高的行业集中度。在这种竞争格局下，头部企业以其特殊的行业地位和充足的资本，往往能生产出较高性价比的产品，而非头部企业很难在成本和综合性价比上跟头部企业竞争，它们只有提高产品的附加值，走向更加专业化和细分化领域才能生存下去。

其次，在中国高质量发展趋势之下，企业各方面经营成本上升将会是必然的趋势，这些成本包括劳动力成本、公司治理成本、环保成本和社会责任带来的成本等。

在劳动力成本方面，中国在高质量发展趋势之下，劳工阶层不仅要工作，更要安居乐业，以及学习和成长，这不仅有利于国民素质的提高，还可以减少结构性失业并提振内需，进而有利于我国加速迈进知识经济时代。另外，中国早已进入低生育率时代，大致从2013年开始劳动年龄人口绝对数量逐渐减少，从2030年前后开始劳动年龄人口减少的速度会进一步加快。这也会加快劳动力成本上升的速度。

在公司治理成本方面，21世纪的中国已经培养了大量的高等教育人才，并正加速推进法治进程。在这样的背景之下，公民意识的提高是必然的结果。这也意味着，每一个参与商事活动的个体都有更强的能力了解法律赋予公民的权利和义务，因此公民合法合理的权利被侵害时，也有更多的渠道和更强的动力来保障自己的权利。这种现象不仅表现在劳工阶层，也表现在股东和董事等人员身上。在这种趋势下，企业不得不提高公司治理的透明性和合法合规性。随着法治化的推进，隐瞒公司信息、进行不合规操作、把风险和成本转嫁给员工、侵占中小股东利益等行为所承担的风险和代价会大大提高。

除此之外，随着高速发展转型为高质量发展，企业在环保、社会责任等方面的成本也会上升。前面已经讲到，中国的高质量发展不仅包括经济的高质量发展，更包括社会环境的高质量发展。而后者不仅是国民安居乐业的重要保障因素，也是中国提高国际形象、提高国际上的发言权的重要因素。因此，中国采取健康的、绿色的、低污染的增长方式将是长期的趋势。对于具体企业来说，这意味着更多的环保成本、更多的社会责任成本。

很多人或许会认为，企业成本的提升不利于企业的发展，进而不利于经济的发展。然而，实际情况并非如此。企业各方面成本的提高对企业来说并不一定是坏事，具体情况还得具体分析。

如果一个经济体尚处在粗放式发展阶段，国际市场上的竞争力主要来自低成本，那么对于这类经济体来说，成本上升可能不利于企业的发展，进而也不利于经济的发展。但是，对于处在产业结构转型升级的经济体来说，成本上升反而可能有利于企业的发展。

以中国为例，中国近几年不仅大力培养高等教育人才，提高劳动者的待遇，同时也在快速完善法治环境，加大环保力度等。无疑，这对企业来说意味着各方面成本的提高。但是，一方面，在这个过程中，有利于公平竞争的环境、有利于提高产品附加值的环境，以及有利于提高国民消费能力的环境也在逐渐形成。在这种环境下，越来越多的企业有更好的条件转型为高附加值企业。那些顺利转型的企业可以消化掉劳动力成本、公司治理成本、环保成本、社会责任成本上升带来的影响。另一方面，企业成本的上升意味着劳动者消费能力的提高，这有益于打开更大的市场。因此，在这个阶段，企业各方面的成本提高促进的是良性循环，最终受益的是劳动者、企业，乃至整个社会。

其实，很多发达国家在发展过程中都经历过这一阶段。以日本和韩国为例，它们在发展过程中也出现了劳动力成本、公司治理成本、环保成本、社会责任成本快速上升的阶段，但多数企业并没有失去竞争力，反而是提高了竞争力。因为在这个过程中，一方面多数企业提高了产品的附加值和产品的议价能力；另一方面国民的消费能力快速提升，进而提供了更为庞大的市场。

从中国的情况来看，目前不少领域仍然处在粗放式发展阶段，因此那些尚处于这一阶段的企业把更多精力放在降低劳动成本以及被动适应规则的变化上是再正常不过的事情。但是，企业家不能不意识到变化的趋势，不能没有提前的准备和布局。而且，仅从笔者经历的案例来看，相比被动接受变化的企业，那些能意识到变化的趋势、主动拥抱变化，并以新兴力量来武装自己的企业往往能获得更好的发展。

第二篇

影响中国民营企业发展的三大因素

第三章 中国人口数量与质量结构的变化

经济活动中的关键因素是人，人不仅作为生产力的决定性要素参与生产过程，而且还作为消费主体成为生产过程的终点和归宿。如果没有人的存在，就没有消费，也就没有物质资料的生产，从而也就没有任何经济活动。从中国的情况来看，中国正处在人口老龄化、少子化、劳动年龄人口数量下降等问题持续加重的阶段。未来，中国人口生育率仍会保持低位数，人口老龄化程度还会继续攀升，劳动年龄人口数量也会快速下降。而且，目前的中国，除了人口年龄结构的变化之外，人口质量结构也正在快速变化，这不仅会使生产方式发生改变，还会使生产关系发生变化。

第一节　人口年龄结构变化与老龄化趋势

工业文明之前，人类还处在马尔萨斯陷阱之中，生产力低下，战争与冲突不断，传染病肆虐，环境与卫生条件极差，导致世界人口数量处在较低水平。例如，人类文明上万年中，人口总数都未超过10亿门槛，世界人口一直处在高出生、高死亡、低增长的循环之中。可是，随着工业革命的推进，这种现象开始改变，1830—1930年百年左右的时间，世界人口数量从不到10亿增长到了20亿，之后人口增长速度进一步加快，到了2000年，世界人口已经突破60亿。人口寿命也是如此，工业文明之前，人类平均寿命在35岁左右徘徊，即使到了19世纪中叶，欧洲人平均寿命也只有40岁左右。该时期的人类不仅新生儿的存活率非常低，也很容易死于饥荒和急性病，急性病的元凶主要是流行病和肺炎，如黑死病仅在1346—1353年的短短7年中，就带走了1亿~2亿人的生命。

进入20世纪之后，人类平均寿命得到快速延长。随着抗生素的发现（1928

年)、科学与技术的进步、卫生环境的改善和医疗水平的提高，人口平均寿命快速延长，进而促进了世界人口数量的快速增长。因此，进入20世纪之后，世界人口整体表现出高出生、低死亡、高增长的特性。

然而，这种现象到了二十世纪七八十年代之后再次发生改变。随着第三次工业革命的推进，人类社会的生产力再一次大幅提高，不仅生产方式从劳动密集型逐渐变为人力资本密集型，生育观念也在快速改变。例如，"二战"之后，伴随着高等教育的快速普及，泛娱乐时代的到来，优生优养观念深入人心，而且随着第三产业（服务业）的快速发展，曾经孩子的养老职能逐渐由社会来承担。种种因素都导致生育率下降，人口增长模式从"二战"之后的高出生、低死亡、高增长转变为低出生、低死亡、低增长模式。从生育率情况来看，二十世纪六七十年代世界总和生育率在4.5左右，随后这个数字逐渐下降，到了2020年世界总和生育率为2.39。

在这种时代洪流之下，中国也正经历从人口红利时期到老龄化、少子化的过程。回顾历史，中华人民共和国成立之后，中国人口大致经历了从鼓励生育到限制生育，再从限制生育到鼓励生育的三个阶段。

中华人民共和国成立初期，面对长期战争导致的人口损耗和百废待兴的经济社会局面，中国政府采取了鼓励生育的人口政策。从深层原因来看，在资本匮乏、生产技术落后的条件下，劳动力数量成了决定国民经济恢复和发展的重要因素。鉴于此，中国出台了一系列鼓励生育的政策。因此，中国人口规模快速增长，从1949年的5.42亿人扩大到1956年的6.28亿人。但因为该时期生产力低下，所以出现了随着人口的快速增长，人口增长速度与粮食产量严重不匹配的现象，于是开始提倡"节制生育"。但在该时期特定的经济环境下，中国到底应该保持多大的人口规模，何时实施及在何种强度、多大范围施行计划生育，并没有制定清晰的标准，而是随国际国内环境等因素的变化而变化。再加上"文革"影响，计划生育政策失去实施的条件和环境，因此当时出现了一段时间的无序生育高峰。

人口的持续快速增长，给城镇就业带来了压力。特别是1970年前后，20世纪 50 年代出生的城镇人口陆续进入就业年龄，而当时中国城镇经济难以吸纳大量的新增就业人员。为缓解城镇就业压力、改变农村落后面貌，中国在 1968 年发起了规模庞大的城市知识青年"上山下乡"运动，即将城市待业青年疏散到农村。这一政策于 1979 年停止，多数"上山下乡"城市知识青年回城就业或待业。回城知识青年和新增就业人口使中国城市就业压力凸显。因此，1980 年以后，中国实施了严格的计划生育政策，提倡"一对夫妇只生育一个孩子"，并于 1982 年将计划生育作为基本国策列入宪法。

计划生育政策的实施，虽然快速控制了人口的增长，但长期实施，使中国少子化和老龄化问题开始积累，尤其进入 21 世纪之后，生育高峰期即二十世纪五六十年代出生的人逐渐进入退休年龄，人口老龄化问题开始显现。从数据来看，在 2000 年，中国人口老龄化程度超过世界平均水平，达到 7%，中国进入老龄化社会。

多年计划生育政策引致的过低人口出生率和人口老龄化的快速攀升，引起了社会各界对未来中国人口结构与人口发展的担忧。因此，中国从 2013 年开始调整人口政策，逐步开始推行"多孩"政策。虽然国家为了促进生育率，不断出台有利于生育的政策，但在已形成的优生优养的观念及较大的经济压力之下，生育率的提高十分有限。

一、低生育率现象会持续

生育率（总和生育率）是指平均每对夫妇生育的子女数。国际上通常以 2.1 作为人口世代更替水平，也就是说，考虑到死亡风险后，平均每对夫妇大约需要生育 2.1 个孩子才能使上下两代人之间人数相等。通常，低于 1.5 的生育率被称为很低生育率，低于 1.3 的生育率被称为极低生育率。

一般情况下，一个国家的生育率不仅跟该国的人口政策有关，也跟所处的经济阶段、社会环境、文化等因素有关。从多个国家的发展案例来看，一个国家在粗放式发展时期往往会表现出较高生育率，但随着经济的发展和社会文明的进步，生育率会逐渐降低。部分国家总和生育率情况如表 3-1 所示。

表 3-1 部分国家总和生育率情况

国　　家	1960 年	1970 年	1980 年	1990 年	2000 年	2010 年	2020 年
韩国	6.1	4.53	2.82	1.57	1.48	1.23	0.84
日本	2.00	2.14	1.75	1.54	1.36	1.39	1.34
中国	5.76	5.73	2.61	2.31	1.60	1.63	1.70
泰国	6.15	5.60	3.39	2.11	1.67	1.54	1.50
越南	6.35	6.47	5.05	3.55	2.01	1.94	2.05
美国	3.65	2.48	1.84	2.08	2.06	1.93	1.64
法国	2.85	2.55	1.85	1.77	1.89	2.03	1.83
全球	4.98	4.78	3.71	3.25	2.70	2.52	2.39

数据来源：世界银行统计数据。

以韩国为例，随着经济的发展，20 世纪 60 年代开始韩国生育率快速提升。为此，韩国政府实行了强有力的抑制生育政策，这使得 1975—1980 年韩国的出生率大幅下降，由此导致韩国人口持续减少。1960—1990 年，韩国经历了全球史无前例的人口结构的变化，总和生育率从 1960 年的 6.1 急速降到 1990 年的 1.57。为了解决人口结构失衡带来的问题，韩国政府从 20 世纪 90 年代开始出台多种有利于生育的政策，尤其是进入 21 世纪之后，鼓励生育的政策力度进一步加大，如允许新婚夫妇申请保障性住房，为他们提供 1.2%～2.1% 的低息贷款；为全职妈妈按月提供一年的生活补贴；有的地方政府为生育多胎的家庭按胎次给予不同金额的生育奖励；为便于男性参与照料儿童，韩国在 2015 年修订相关法律，允许男性公务员最长可休 3 年育儿假等。但这些政策均未达到预期目标，生育率不升反降，尤其进入 2018 年之后，生育率已降到 1.0 以下，人口老龄化趋势日益严重。

日本的情况也颇为类似。"二战"之后伴随着经济的高速增长，日本经历了短暂的人口红利期从 20 世纪 70 年代开始，日本生育率逐步下降。特别自 20 世纪 90 年代以来，日本政府不断出台有利于结婚和生育的政策，但其效果并不明显，未能改变生育率持续下降的趋势。

从欧美国家的情况来看，它们多数在"二战"以来并没有采取过限制人口增长的政策，但其生育率也表现出逐渐下降趋势。而如今，不少欧美国家也在鼓励生育，尤其欧洲国家福利制度十分完善，实行的是"娘胎到坟墓"的福利制度，对新生儿家庭更是给予全方位呵护，但仍未能改变生育率下降的趋势。

可以看到，生育率不仅与政策有关，也与社会环境、经济环境和思想观念的变化有关。随着经济的发展、教育的普及和社会文明的进步，一个经济体的生育率会逐渐下降，政策的刺激效果往往十分有限。

二、人口老龄化在加速

人口老龄化是指老年人口数量占总人口数量的比重超过一定数值时的社会现象。按照联合国的标准，一个地区60岁以上老人达到总人口的10%，或65岁及以上老人占总人口的7%，即视为该地区进入老龄化社会；65岁及以上的人口比例达到14%即可称为老龄社会；65岁及以上的人口比例超过20%，则可以被称为过度老龄社会。

从中国的情况来看，中国在1961年65岁及以上人口占总人口比重只有3.89%，远低于同期世界5.07%的平均水平；但到了2000年，中国人口老龄化程度超过世界平均水平，达到7%，进入了老龄化社会；而到了2021年，65岁及以上人口比重更是达到14.2%，已超过14%，正式进入了老龄社会。按照此速度，中国预计在2030年左右，65岁及以上人口占比将超过20%，从此开始进入过度老龄社会。

值得注意的是，中国是老龄化进程非常快的国家。不少西方国家从老龄化社会到老龄社会经历了50年以上，一些欧洲国家更是经历了100年以上，而中国仅用了21年。部分国家人口老龄化比较表3-2所示。

表3-2 部分国家人口老龄化速度比较

国　　家	65岁及以上人口比例到达年份		经历年限	2021年65岁及以上人口占比
	7%	14%		
日本	1970	1994	24	28.70%
韩国	2000	2018	18	16.57%
美国	1945	2014	69	17.04%

续表

国 家	65岁及以上人口比例到达年份 7%	65岁及以上人口比例到达年份 14%	经历年限	2021年65岁及以上人口占比
英国	1930	1976	46	18.85%
法国	1865	1979	114	21.09%
德国	1930	1972	42	21.98%
俄罗斯	1967	2017	50	16.00%
中国	2000	2021	21	14.20%
越南	2017	——	——	8.21%
泰国	2002	——	——	13.54%
全球	2002	——	——	9.54%

数据来源：根据世界银行、各国相关网站数据计算而得，中国数据来自国家统计局。

计划生育政策的实施是中国人口老龄化加速的一个重要原因。中国在1995年左右生育率下降到1.6左右之后，生育率变化较小。虽然2010年之后，在多孩政策的推进下生育率有所提升，但是其提升幅度有限。

人均寿命的快速延长是中国人口老龄化加速的另一个重要原因。受益于生活水平的提高和医疗环境的改善，中国人的平均寿命在不断提高。部分国家平均预期寿命如表3-3所示。

表3-3 部分国家平均预期寿命　　　　　　　　　　（单位：岁）

国　家	1960年	1970年	1980年	1990年	2000年	2010年	2020年
中国	43.74	67.77	66.84	69.15	71.40	74.41	77.10
美国	69.77	70.81	73.61	75.21	76.64	78.54	77.28
日本	67.67	71.95	76.09	78.84	81.08	82.84	84.62
韩国	55.42	62.16	66.05	71.60	75.91	80.02	83.43
印度	41.42	47.74	53.81	57.87	62.51	66.69	69.89
泰国	54.70	59.39	64.43	70.25	70.62	74.18	77.34
世界平均	52.58	58.58	62.84	65.43	67.55	70.56	72.75

资料来源：世界银行统计数据。

当然，中国人口老龄化速度较快也和人口流动特性有关。中国是人口净流出国家，21世纪以来，每年都有不少中国人移民海外，而移民到中国来的外国人则较少。不仅中国如此，日本和韩国也表现出相似的特性。日本和韩国每年有不少人向海外移民，但移民到这两个国家的人数却较少。相反，不少欧美国家，如美国和法国一向是移民大国，这两个国家在不同时期总会引进不少青壮年劳动力，而且移民的生育率普遍较高，这也有助于缓解这些国家老龄化速度过快的问题。

总体来看，中国老龄人口数量上升是长期的趋势，中国老龄人口峰值预计在2055年到2065年之间产生。从老龄人口变化速度来看，2025年之前并不快，增速较快的时间是2025—2045年。从这个简单的测算就可以知道，中国生育高峰期是二十世纪六七十年代，因此2025—2045年是"60后"和"70后"集中退休时期（按65岁来计算），也是劳动年龄人口快速减少和老龄人口快速增长时期（图3-1）。

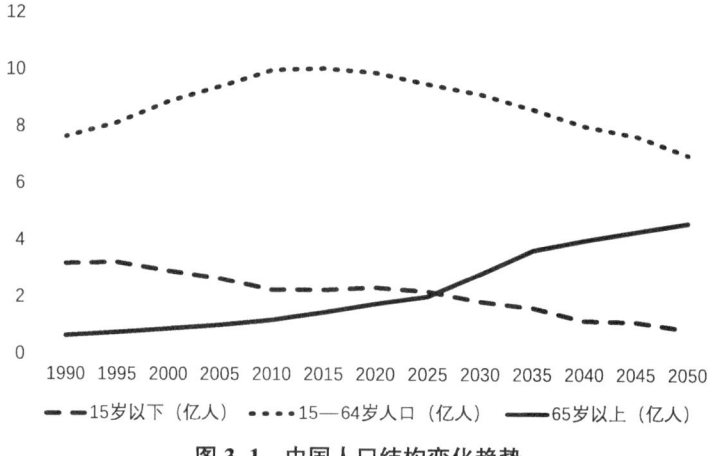

图 3-1　中国人口结构变化趋势

资料来源：李建伟，周灵灵.中国人口政策与人口结构及其未来发展趋势[J].经济学动态，2018（12）：17-36。

三、劳动人口快速下降和劳动人口负担加重

低生育率和人口老龄化直接导致的是中国劳动人口的下降和抚养比的上升。劳动年龄人口是社会总人口中处于劳动年龄范围内的人口。国际上一般把

15~64岁人口列为劳动年龄人口。虽然不同的国家因不同的国情,对劳动年龄人口的定义有所差别,但本书就按照国际惯例来分析中国的劳动年龄人口情况。

从中国的情况来看,劳动力最为充足的阶段是20世纪70年代到2013年,即2013年是中国劳动年龄人口的拐点。改革开放之后受婴儿潮的影响,中国人口从1978年的9.63亿增长到现在的14亿左右,在此过程中劳动年龄人口的数量也在快速增长。虽然计划生育政策的实施放缓了劳动人口增长的趋势,但受二十世纪六七十年代婴儿潮的影响,中国劳动人口绝对数量一直是处于增长的状态。然而,到了2013年之后,中国劳动年龄人口增长迎来了拐点[①],中国社会已进入了劳动年龄绝对数量下降阶段。从图3-2中可以看到,2013年中国劳动年龄人口达到10.01亿之后逐渐开始下降。

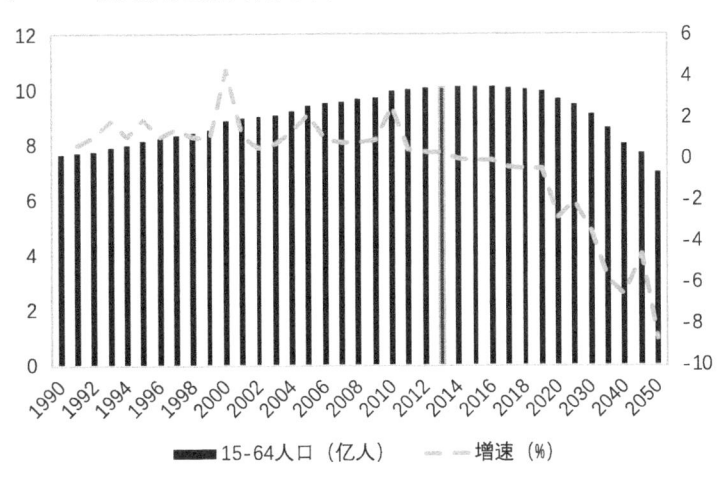

图 3-2 中国历年劳动年龄人口情况及趋势

资料来源:李建伟,周灵灵.中国人口政策与人口结构及其未来发展趋势[J].经济学动态,2018(12):17-36。

目前中国劳动年龄人口下降速度并不快,但这个速度会随着时间的推移逐渐加快。预计从"60后"集中退休的阶段开始,即大致从2025年开始,中国劳动年龄人口数量会进入快速下降阶段,并至少会持续到2050年。从数量上来看,

---

[①] 如果统计口径是15~59岁的人口,那么中国15~59岁劳动年龄人口于2011年达到峰值后持续下降。

在乐观预计的情况下，2050年中国劳动年龄人口约为7亿，劳动人口在总人口中的占比约为56%，如果出现和韩国与日本一样生育率持续下降的情况，那么到2050年，劳动年龄人口可能为6亿左右，劳动人口在总人口中的占比可能为52%左右，是2013年劳动人口总数的60%左右。

伴随着人口老龄化的加剧和劳动人口绝对数量的快速下降，老人抚养比的上升是不可逆的趋势。这不仅会给劳动人口带来沉重的负担，也会给社会带来沉重的负担。从表3-4可以看出，二十世纪六七十年代中国老人抚养比不到7%，意味着该时期供养一位老年人需要14人左右的劳动人口，而2020年中国老人抚养比已达到17%，意味着供养一位老年人变成了6人左右的劳动人口。按照中国目前的老龄化趋势和生育率趋势，预计到2050年老人抚养比大概率会提高到40%以上，意味着2.5位劳动人口就得供养一位老年人。而且劳动人口除赡养老人之外，还要抚养未成年人，到那个时候劳动人口的负担之重、社会运行的成本之高可想而知。在这方面日本就是典型的案例。自从老龄化和少子化问题加重开始，日本老人抚养比从17.04%（1990年）到41.17%（2014年）仅用了24年。

表3-4 部分国家老人抚养比情况　　　　　　　　　　（单位：%）

国　家	1960年	1970年	1980年	1990年	2000年	2010年	2020年
韩国	6.30	6.29	6.64	7.55	9.95	14.61	22.03
日本	8.77	9.96	13.21	17.04	24.89	35.07	48.01
中国	6.53	6.71	7.87	8.56	9.96	11.02	17.02
泰国	6.14	6.67	6.59	6.92	9.40	12.37	18.38
美国	15.14	16.25	17.57	19.22	18.70	19.43	25.59
全球	8.59	9.28	10.03	10.10	10.92	11.57	14.30

数据来源：世界银行统计数据。

需要了解的是，虽然中国、日本、韩国都经历了快速老龄化的过程，但是日本和韩国跟中国有明显不同。日本和韩国进入老龄社会的时候，其人均GDP远超过了高收入国家的最低标准。例如，韩国在2018年人均GDP为3.3万美元，日本在1994年人均GDP为4.0万美元，而中国2021年人均GDP仅为1万美元左右，尚处在较低水平。这也意味着，随着老龄化程度的加重，不仅中国劳动人口的负担更重，政府的负担也会更重。以养老金为例，《中国养老金精算报告2019—2050》显示，累积养老金余额在 2017 年达到 6.99 万亿元最高点后逐渐减少，在 2035 年结余减少至零[①]。医疗保障领域也是如此。老年人随着年龄的增加，身体机能开始衰退，患病风险不断提高，因此劳动人口赡养老年人和抚养未成年人需承受的负担也不相同。一些研究表明，供养 1 位老年人的平均费用是抚养 1 位未成年人的平均费用的 2~3 倍。不同年龄阶段老龄人需要的医疗费用也不同，根据一些统计数据，60 岁以上年龄组老人的医疗费用是 60 岁以下年龄组老人的医疗费用的 3~5 倍，平均每位 80 岁以上高龄老人的照顾与医疗费用是 65~74 岁老人的 8 倍以上。

其实，从 2010 年以来政府出台的报告和各项政策中也可以感受到中国政府对人口结构变化的重视。例如，在 2015 年，中国首次把"健康中国"写入政府工作报告，中共十九大报告将"实施健康中国战略"提升到国家整体战略层面统筹谋划，中共二十大报告在健康中国战略中指出"优化人口发展战略，建立生育支持政策体系，降低生育、养育、教育成本。实施积极应对人口老龄化国家战略，发展养老事业和养老产业，优化孤寡老人服务，推动实现全体老年人享有基本养老服务"等。

第二节 人口质量结构变化与中产阶级的崛起

人口质量结构也称人口素质结构，其变化主要反映在人的文化程度、健康水平、劳动技能、道德水准和思想意识等方面。人口素质情况可以通过教育水平、平均寿命、新生儿死亡率、卫生条件等多个指标来衡量。其中，跟经济发展关系最为密切的是教育指标，如受教育程度、平均受教育年限等。

[①] 郑秉文. 中国养老金精算报告（2019—2050）[M]. 北京：中国劳动社会保障出版社，2019：39-41.

一般情况下，一个国家的教育结构大致可分为基础教育、高等教育、职业教育等。其中基础教育是指面向全体学生的国民素质教育，其根本宗旨是为提高全民族的素质打下基础。我国基础教育包括幼儿教育、小学教育、普通中学教育（初中、高中）。

与基础教育不同，高等教育是在完成基础教育（幼儿、小学、初中、高中）的前提下，以培养高级专门人才为目的的教育。高等教育跟基础教育的不同之处在于，高等教育有明显的专业性。接受高等教育的群体，不仅要学习特定专业的基础理论，更要学习系统的专业知识及相应的技能。因此受过高等教育的群体具备较强的对科学与技术的理解能力和创新能力。

从经济发展视角来看，对于后发追赶国家来说，在以模仿和引进为主的阶段，多数员工从事的更多的是简单重复性工作，在工作中具备指令的理解和文件的阅读能力即可，因此在该时期，基础教育的普及足以促进经济的发展。例如，韩国在二十世纪六七十年代，日本在二十世纪五六十年代首先普及的也是基础教育。

但到了以消化和改良为主的时期，尤其到了以发明和创造为主的阶段之后，社会对高等教育人群的需求会快速上升。其原因在于，到了以消化和改良、发明和创造为主的阶段，只有那些具备理论知识、有系统的专业知识的人群才能快速地消化先进的生产技术、管理方式等，同时也更有可能进行创新和创造。

从中国的情况来看，中华人民共和国成立之后，快速推进的是扫盲教育。1949 年全国有 5.4 亿人，学龄儿童入学率仅为 20%，有 80% 的人口是文盲，农村的文盲率更高达 95% 以上，有的地方甚至十里八村也找不出一个识文断字的人[1]。但这种现象，到了 20 世纪 60 年代之后明显改善，从 1964 年中国第二次人口普查结果来看，15 岁以上人口的文盲率已经由中华人民共和国成立初期的 80% 下降到 52%，到了 1990 年第四次人口普查时期，15 岁及以上文盲半文盲人口占总人口的 15.88%。而到了 2000 年的时候，青壮年文盲率已经降至 4% 以下，不仅实现了扫除青壮年文盲的战略目标，更是在全国范围内基本普及了九年义务

---

[1] 高书国. 中国扫盲工作的成就与经验 [J]. 基础教育参考，2014(07)：12-18.

教育。

高等教育在中国快速普及是从20世纪90年代中后期开始的，尤其是1999年国务院批转教育部《面向21世纪教育振兴行动计划》及同年中共中央、国务院出台《关于深化教育改革全面推进素质教育的决定》之后，高等教育普及力度进一步加大。1990年，中国高等教育在校总规模只有382万人，毛入学率为3.4%，但到了2003年，该数字达到了1900多万人，毛入学率达到了17%，进入了高等教育大众化发展阶段。进入21世纪之后，高等教育的普及力度进一步加大，到2012年高等教育毛入学率超过30%，2015年超过40%，2019年首次超过50%，进入了高等教育普及化阶段[①]。

受益于高等教育的普及，中国人口文化程度也在快速提高。从表3-5可以看出，1990年中国大学（大专以上）教育群体只有1600万人左右，但到了2020年已超过2亿人。按比例来看，中国在2000年之前大学以上教育人口占15岁以上人口比例不到5.0%，但到了2020年该比例已接近20%。按照此速度，到2030年，大学教育及以上人口占15岁以上人口比例预计能超过30%。

表3-5 中国人口文化程度变化

历年全国人口普查	15岁以上人口（亿）	大学（大专以上）（亿）	比例（%）
第四次全国人口普查（1990年）	8.27	0.16	1.93
第五次全国人口普查（2000年）	9.76	0.46	4.71
第六次全国人口普查（2010年）	10.87	1.20	11.04
第七次全国人口普查（2020年）	11.58	2.18	18.83

资料来源：中国历年人口普查数据。

---

① 如果进一步分析，中国2008年之前高等教育中专科教育比例较大，2008年之后本科比例快速上升。从这些变化中大致也能看出中国发展方式的变化。中国刚加入世贸组织时，由于生产力低下，海外引进渠道较多，需要的更多的是技术人才。但随着经济的发展，产业结构的转型升级，社会对科学与技术人才的需求在不断增加。自然，人才的需求也从专科生逐渐转型为本科生。

对科学与技术的重视、教育的普及及经济增长方式的改变，直接带动了中产阶级数量的增加。而中产阶级的崛起会对中国未来经济增长方式、产业结构、分配方式、社会环境等方面带来进一步的深远影响。

从发达国家发展案例来看，随着知识经济时代的来临，工作中技术劳动者和脑力劳动者比例的增加，财富和资源也会逐渐向这些群体聚集。在这个过程中，中产阶级逐渐会成为社会中的主流人群。自然，随着中产阶级队伍的壮大和力量的增强，更多政策逐渐会向中产阶级倾斜，如更加重视二次分配、更多考虑环境因素、更加注重福利保障制度、更加重视医疗卫生等。

虽然目前大家对于什么是中产阶级没有形成共识，不同研究人员对中产阶级的统计口径不大一样，但是对于中国当前中产阶级人口数量，不少计算结果集中在1.5亿到2.5亿之间。考虑到目前中国劳动年龄人口在9亿左右，按此计算，现在中产阶级占劳动年龄人口的比重为16%～27%，其占比并不高，仍属于少数群体，跟发达国家60%，甚至80%以上的占比相比仍有较大的差距。但随着教育的普及、产业结构的转型升级，中产阶级比重会快速增加。虽然不同机构的预测结果有一定的差别，但是不少人认为，到2030年，中国中产阶级及以上人群占劳动年龄人口比重将会超过40%。

按照年龄情况来看，中国大致从"80后"开始普遍受过良好的教育，这些人中大部分接受了义务教育，更是有很大一部分还接受了高等教育。

一般情况下，体力劳动者随着年龄的增加其劳动能力会快速退化。假设体力劳动者能提供旺盛劳动力的截止年龄为60岁，那么最后一批"70后"，即1979年出生的人到60岁的时间是在2040年，这就意味着大致从2040年开始，中国劳动群体中受高等教育的人群会成为主流群体。这要求中国不得不加快产业结构转型，尽量在2040年之前进入以脑力劳动和技术为基础的以体力劳动为主的社会。这个道理很简单，如果大量受过高等教育的人群能够选择的就业岗位依然是工作环境差的重复性工作，那么这些人群的工作意愿一定会降低，这会加重结构性失业，同时也会引发相应的社会矛盾。

第三节 人口结构变化对民营企业的影响

在本书的第一章，笔者通过分析中美关系的变化和三驾马车的辩证关系后得出，中国经济的转型升级和高质量发展不仅是愿景，更是存在时间紧迫性的结论。关于这一点，从人口结构变化这一视角去看的时候也是如此。随着中国人口数量结构的变化，低生育率的持续、老龄化的加剧、劳动年龄人口的减少、国民收入与分配存在的问题等都可能会进一步突出。而这些问题只有尽快推进产业结构高端化，尽快转型为高质量发展模式才能顺利得到解决。因为，产业结构高端化有益于提高中国企业的竞争力，进而可以提高中国劳动者的人均收入水平，这不仅有益于促进消费升级，也有益于中国劳动者将更多的资金和时间用于照顾老人、陪伴老人。那么，中国人口结构的变化对民营企业会产生哪些方面的实质性影响呢？

首先，人口结构的变化会使消费模式和生产模式发生变化。

从消费端来看，随着时间的推移，老龄人口和中产阶级会逐渐成为社会的主流消费群体。例如，预计到 2030 年，65 岁以上群体占总人口比例达 20%，中产阶级占劳动年龄人口比例将会超过 40%，而且这一数字到 2050 年也只会增加，不会减少。

从老龄人口消费趋势来看，老龄人口由于活动能力和身体消耗下降，其对吃、穿、用、住和行动等物质产品和服务的需求相应减少，而由于健康和精神状况较差，他们对保健、餐饮、医疗、卫生及养老护理等方面的需求会有所增加。另外，老年人一般不再进行投资储蓄，变成纯消费者，这会影响消费需求的变化，减少资本形成，影响生产和投资。这也要求我国经济发展模式要由"投资推动发展型"向"创新驱动发展型"转变。

从中产阶级消费趋势来看，中产阶级多数从事的是脑力劳动或以技术为基础的体力劳动，一般受过良好教育，追求生活品质，拥有一定的消费能力。相比一般的劳动者，中产阶级不仅有较高的收入，有一定的闲暇，更是具备较强的改善生活品质的能力。因此，中产阶级的崛起不仅代表着消费能力的提高，更代表着消费理念的变化。

由于中产阶级普遍受过良好的教育，有较高的消费能力，因此他们更容易判断产品的好坏与优劣。中产阶级较强的产品分辨能力，使得他们在消费时不会跟随和盲从，更多的是从自己的真实需求出发，通过比较和筛选来选择符合自己特性的产品。中产阶级的此类特性，会加快产品的优胜劣汰，并促进产品的分化。除此之外，老龄人口占比和中产阶级占比的提高，就需要更多的人在服务性行业工作，而不仅仅在生产制造领域工作。因此，随着老龄化的加剧和中产阶级占比的提高，该经济体服务业占比提高的速度会加快，服务业的分化也会加速。

其次，人口结构的变化将会提高劳动力成本。

一方面，从2013年开始，中国劳动年龄人口绝对数量已经进入了下行阶段，未来其下降速度会进一步加快。另一方面，新生代体力劳动者择业观也在变化。随着教育的普及、消费信用的扩张和泛娱乐时代的来临，能吃苦耐劳的劳动力将会越来越少。基于以上情况，我们可以判断出，无论是增量方面，还是结构方面，后续廉价劳动力的供给都将表现出减少趋势。这也意味着劳动密集型企业将会逐渐失去竞争力，只有成功转型为有较高产品附加值的企业，才有可能承担得起不断上升的人力成本。

值得注意的是，在人口结构和生产方式改变的过程中，劳动力成本上升并不一定是循序渐进的过程，而是达到某一个临界点之后，会经历快速，甚至是跳跃式上升的过程。这种现象在多个国家都发生过，例如，日本在20世纪60年代中后期到20世纪70年代前期，韩国在20世纪80年代中后期，人力成本都经历了跳跃式上升过程。

以韩国为例，韩国在粗放式发展时期，即20世纪60年代到20世纪70年代，工资的增速远低于经济增速，该时期多数年份经济增长率超过9%，但工资增长率却只有3%～5%左右。但这种情况到了20世纪80年代之后发生了较大的改变。1980—1992年，韩国工资涨了4.67倍，年均增长达到了13.70%，远超过该时期8%

左右的经济增速，尤其1987年之后，多数企业薪酬年均增长率更是超过了20%。

当社会生产需要的劳动以简单重复性劳动为主的时候，劳动者因缺少谈判优势，劳动力成本上升速度往往会低于经济增长速度。但是社会生产逐步走向高端化，劳动力人口中技术劳动者和脑力劳动者占比达到一定程度时，在某一时点上劳动报酬上升速度会陡然加快。究其原因可能有以下几个方面。一是随着生产环节中脑力劳动者和技术劳动者的增加，他们的谈判优势在加强，尤其是一个经济体中中产阶级达到一定数量之后，常常以某一个事件为基础，传播新的薪酬待遇理念。在这种新的薪酬待遇理念下，传统部门不得不大幅提高工资来防止劳动力的流失，保障生产环境的稳定。二是不少企业已成功转型，机器替代简单重复劳动力的比例大幅提高，产品附加值和溢价能力也得到提高，因此人力成本对生产成本的敏感性大幅下降。在这种情况下，那些没有成功转型的企业即使亏损也不得不提高员工工资，以便确保生产的稳定性和持续性。三是随着经济的发展，中产阶级成为主流人群之后，他们对生活质量、医疗环境等方面的要求也会快速提高，政府也会出台该方面的改革措施，这就变相提高了劳动力成本。

其实，人力成本的跳跃式上升在中国的部分行业中已经发生过。互联网行业就是其中之一。流量红利时期，大量资金的涌入和BAT（百度、阿里巴巴、腾讯）的崛起，大幅提高了互联网从业者的薪酬待遇。以笔者调研过的互联网企业为例，不少企业在讲，BAT大幅提高了互联网从业者的薪酬待遇，导致这些企业在短短几年间人力成本提高2倍不止。不仅如此，BAT的高薪水还导致中小互联网企业内部员工军心不稳。因为这些员工的心态与以前相比也发生了很大的变化，他们逐步开始想变成把公司当成一个跳板，积累经验之后就跳槽。在这种背景下，那些竞争力不足的企业，盈利能力会大幅下滑，甚至面临关门的窘境。

当人力成本上升临界点到来时，人力成本往往会在较短时间内快速上升。这也意味着，市场不会给传统企业太多时间去慢慢转型。对于多数传统企业来说，想在人力成本上升之际再转型可能为时已晚，就像韩国在人力成本快速上升时期，有大量的不胜人力成本上升的企业被淘汰出局一样。

中国从改革开放至今，虽然人力成本一直在上升，但是大多数行业经历的是相对温和的上升过程。这得益于中国经济增长方式尚未产生明显改变，劳动年龄人口绝对数量的持续性增加和人口质量结构变化拐点尚未到来，但这种现象在不远的将来可能会发生改变。从中国经济增长方式来看，进入 21 世纪之后，高新技术企业数量快速增加，尤其是进入 2010 年之后，其增速进一步加快，这会逐渐改变以廉价劳动力为主的经济增长方式。从中国的人口结构变化来看，2025—2035 年不仅是人口数量结构变化较快的时期，也是人口质量结构变化较快的时期。在这 10 年间，一方面二十世纪六七十年代出生的人逐步退出劳动力市场，另一方面则是"80 后""90 后""00 后"等普遍接受过较好教育的群体会成为劳动力市场的主力。这也意味着，那些以廉价劳动力为主的企业可能只剩不到 15 年的窗口期。或许在 2035 年之前，人口结构和生产结构的矛盾会快速激化。这些矛盾激化到一定程度时，就可能以某个事件为导火线，引发劳动力成本快速上升。

第四章　法治化的加速与公民意识的提高

法治的滚轮一旦启动，总体会保持前进方向，因为它不仅是时代的潮流，同时代表的是更为先进的生产关系。区别于人治和法制，良好的法治环境不仅可以为市场经济提供稳定且可预测的市场秩序，同时也能更好地保障不同市场主体之间的平等关系，进而促进竞争的公平性。从周边国家案例来看，良好的法治环境是发达国家普遍具备的素质，也是多数发展中国家顺利跨越中等收入阶段不可或缺的因素。

中共十八大之后，尤其中共十九大之后，笔者感觉最为明显的就是法治化进程速度加快。例如，中共十八大之后，反腐败力度空前加大，反腐方式从早期的运动式反腐、人治反腐走向法治反腐，整个社会快速形成不敢腐、不能腐、不易腐的机制。除此之外，国家也在快速建设更加透明、更加公平的市场环境，如强调各种经济成分权利平等、机会平等和规则平等，进一步放开市场准入，全面消除针对民营经济各种形式的不合理规定和各种隐形壁垒等。

第一节　法制到法治社会

一、法制与法治的区别

"法制"与"法治"在意义上有相似之处，又属汉语中的同音异字，所以人们往往难以分辨两者，以致经常混用。这两个术语虽然只有一字之差，但反映了国家治理观念的变化。

"法制"和"法治"在学术上有复杂的解释，但如果简单来讲，"法制"指的是法律是政府管理国家、管理社会的工具。因此"法制"在特定的社会环境下也可以理解为通过政权机关建立起来的法律制度来管理国家和人民。

根据《现代汉语词典》，"法制"指法律制度体系，既包括一个国家的所有法律法规，也包括一个国家的立法、司法、守法及法律监督等活动。在《辞海》中，"制"既具有动词性涵义，如规定、裁断和制订等，也具有名词性涵义，如命令和制度等。"制"与社会秩序相联系，通过对礼仪和法律的控制和约束，实现人们对其规矩的服从和履行，以达到建立和维持基本社会秩序的效果。

可看出，"法制"侧重在法律的使用上，有一定的工具主义的特性。因此，任何一个国家在任何一个时期都有自己的法律制度，但不一定实行法治。当然，法律制度可能推进社会的进步和经济的发展，但也有可能不利于经济的发展和社会的进步。比如，在君主政体中，君王的话就是法律，该时期的法律更多的是统治阶级维持社会秩序和贯彻自己意志的工具，不一定是良法，也不一定有利于经济的发展和社会的进步。

跟"法制"不同，"法治"的目的是为人们提供一个寻求公正的平台和框架。根据《辞海》的解释，法治是按照法律规则与程序治理国家的政治主张或治国方式。其核心是限制权力，保障权利。《牛津法律大辞典》对法治的内涵解释为，对国家立法权的限制与约束，反对国家机关恣意滥用行政权力的保障措施；它并不是对政府应执行的法律程序进行强调，而是认为政府应当以法律对自身进行约束；而不能只是为了自身的利益来对法律进行修改或者直接重新制定。[①]

"法治"在近现代法律话语体系中侧重于强调与"人治"的对立，以公开、普适、可预测的法律来代替个人意志的决断，以调整社会关系。"法治"是指一个法律信念，在某一社会中，法律具有凌驾一切的地位。所谓"凌驾一切"，指的是不单一般人需要遵守，管理机关包括制定者和执行者也要同样遵守，而法律本身亦被赋予一个非常崇高的地位，不能被轻慢。政府的行为必须是经法律许可的，而这些法律本身是经过某一特定程序产生的，即法律是社会最高的规则，没有任何人或机构可以凌驾于法律之上。法治环境下，行政部门的职责只是执行法律，并且受法律约束，如习近平总书记在十八届中央纪委二次全会

---

① 戴维·M-沃克.牛津法律大辞典[M].北京：光明日报出版社，1988:790.

上所指出的"把权力关进制度的笼子里"。因此"法制"和"法治"的最大区别不只是约束人民,而是在于行政、立法、司法这些权力机关是否也跟人民一样,受到法律的拘束和控制。

如果对较为完善的法治环境做一个简单比喻的话,就是在良好的法治环境下,产生问题、出现纠纷时,人们第一个想到的是用规章制度来解决问题,即"办事依法、遇事找法、解决问题用法、化解问题靠法",而不是找关系、找领导来解决问题。除此之外,良好的法治环境应该具备一般公民维护自己权利的完善环境,以及能提供公民对国家权力机关进行监督的有效环境。

二、中国的法治历程

中华人民共和国成立之后逐步建立了相应的法律体系,除了宪法,还制定了涉及国家基本经济制度、司法制度、立法体制等方面的法律法规,如《国务院组织法》《人民检察院组织法》《人民法院组织法》《选举法》《民法典》等。但由于旧社会缺乏法治传统,加上20世纪50年代后期"要人治不要法治"的法律虚无主义盛行,特别是受"文化大革命"的"无法无天"观念的影响[1],中国法治建设几乎停滞,基本立法工作严重受阻,直至遭到彻底破坏。

中共十一届三中全会召开时,虽然"文化大革命"从形式上已经结束,但中国仍处于无法可依的状态,国家法律几乎是空白一片。因此,当时最紧急的任务是制定一批法律,迅速恢复法律秩序,正如1978年12月13日邓小平在中央工作会议闭幕会上的讲话中指出的:"现在的问题是法律很不完备,很多法律还没有制定出来。往往把领导人说的话当作'法',不赞成领导人说的话就叫作'违法',领导人的话改变了,'法'也就跟着改变。所以,应该集中力量制定刑法、民法、诉讼法和其他各种必要的法律,例如工厂法、人民公社法、森林法、草原法、环境保护法、劳动法、外国人投资法等,经过一定的民主程序讨论通过,并且加强检察机关和司法机关,做到有法可依,有法必依,执法必严,违法必究。"[2]

---

[1] 张文显. 中国法治40年:历程、轨迹和经验 [J]. 吉林大学社会科学学报,2018,58(5):5–25+204.

[2] 同[1].

1979年开始，中国的法律制度建设进入了快马加鞭时期。其中，20世纪90年代是中国法律制度快速完善和丰富化的时期，尤其在确立了社会主义市场经济框架之后，各类保护不同民事主体之间关系的法律快速出台，如《公司法》《担保法》《票据法》《保险法》《合伙企业法》《信托法》《海商法》等。大致可以看出，改革开放之后，中国虽然快速推进了法律制度建设，但该时期因历史遗留和历史局限性，尚不具备现在全面依法治国的条件。

随着法律制度的丰富和完善，中国的法治建设经历了从"法制"到"法治"的发展过程。从概念演进来看，20世纪70年代，中共十一届三中全会之后，在我国法制领域和法学体系中，最流行的概念就是"法制""法制建设"。中共十五大之后，最流行的概念演进为"法治""依法治国""全面依法治国"。[1]

中共十八大拉开了全面依法治国的序幕。2012年，中共十八大报告提出："加快建设社会主义法治国家，必须全面推进科学立法、严格执法、公正司法、全民守法进程。"法学界称之为"法治新十六字方针"，以区别于"有法可依、有法必依、执法必严、违法必究"的"法制十六字方针"。2018年3月11日，中国通过并公布施行了《中华人民共和国宪法修正案》，该修正案将序言中的"健全社会主义法制"修改为"健全社会主义法治"，引发了诸多关注，普遍观点认为从法制到法治的修改意味着我国全面依法治国和中国特色社会主义法治建设取得了新发展。[2]

实际情况也是如此。中共十八大之后中国法治环境快速得到改善，其中最为典型的例子是权力约束机制和监督机制快速形成。比如，中共十八大之后，反腐败力度空前加大。就反腐来说，其涉及面之广，打击力度之大，可谓空前，而且不局限于巡视组的行政力量，而是调动全国人民力量来监督，正在快速形成不敢腐的惩戒机制、不能腐的防范机制、不易腐的保障机制。执法领域和司法领域也是如此。比如，在执法领域，2016年公安部公开表态"民警要自觉接受监督，习惯于在'镜头'下执法"等，大幅提高了执法透明度；又比如，在司法领域，

---

[1] 张文显.中国法治40年：历程、轨迹和经验[J].吉林大学社会科学学报，2018,58(5):5-25+204.

[2] 何勤华，齐凯悦.法制成为法治：宪法修改推进社会主义法治建设[J].山东社会科学，2018(07):5-15.

审判流程信息的公开[①]从根本上改变了长期以来当事人等千方百计托关系打听案件进展的现象，变成人民法院主动、及时、同步公开审判流程信息，有效提升了案件审理过程的透明度。除此之外，进入2010年之后，一些地方干部以言代法、以权压法等现象不断得到暴露，诸多其他有法不依、执法不严、违法不究，以及执法司法不规范、不严格、不透明、不文明的现象也在快速得到整治。

第二节　中产阶级的壮大与公民意识的提高

我国经历了数千年的农耕文明，而农耕文明的特色就是熟人社会、人情社会。而且中华文明在数千年的发展过程中一直缺少对皇权的限制，同时中国的封建社会很少采取分封制，更多采取的是中央集权制，所以中国封建时期皇权一直至高无上，其法律制度自然缺少对皇权的制约，而主要是为皇权服务。

跟中华文明不同，欧洲（主要为西欧）文明被不少学者认为是贸易文明。例如，中世纪的欧洲人在通过海洋（地中海）、河流进行交流与互动，以及交换和传播商品、文化的过程中，逐渐形成了平等、自由、契约等精神。而且在欧洲文明的发展进程中，王权并不是至高无上的存在，它不仅会受到神权（教会）的限制，还会受到贵族的限制。在欧洲文明的发展过程中，王权和神权是相互制衡的关系，不少时候神权高于王权。

除了神权之外，贵族对王权也有较大的限制。这一点从王室和贵族之间的关系中就可以看出。在西方国家，虽然贵族向王室效忠，但这并不意味着王权至高无上，更不意味着王室和贵族的关系是单方面的发号施令与绝对服从的关系。实际上，西方文明中王权与贵族是权利和义务的关系，是一种对双方都有约束的契约，如同中世纪西欧贵族向国王效忠的誓言："与您一样优秀的我们，向并不比我们更优秀的您起誓，承认您为我们的国王和最高领主，只要您遵从我们的地位

[①] 自2018年9月1日起，全国各法院审判刑事、民事、行政、国家赔偿案件的流程信息，均应当通过中国审判流程信息公开网向参加诉讼的当事人及其法定代理人、诉讼代理人、辩护人公开，这是我国法院司法公开工作的又一里程碑。

和法律；如果您不如此，上述誓言即无效。"

通过对这两种文明的比较可以看出，中华文明是更强调权力和服从、强调秩序的文明，贸易文明则是更强调权利和义务、强调契约的文明。虽然不同的文明各有各的优劣势，但数千年的中华文明确实制约着中国人独立人格意识的形成，制约着中国人相互尊重彼此权利意识的形成。数千年的封建文明，给中国人烙下了深深的臣民意识，制约了公民意识萌发的空间。

那么，什么是臣民意识和公民意识呢？它们之间的区别在哪里呢？

所谓"臣"，含义是屈从、顺从。《辞海》关于"臣民"的三种基本含义为：百姓的统称；谦卑的自称；役使等。从臣民的特性来看，臣民的本质是"服从"。臣民对国家具有强烈的依附性，缺乏独立的人格和意志，相对国家权力而言只有义务没有实质上的有效权利。

与"臣民"不同，"公民"是一个法律概念。公民指具有某一国国籍，并根据该国法律规定享有权利和承担义务的人。在我国，宪法第三十三条规定："凡具有中华人民共和国国籍的人都是中华人民共和国公民。"公民享有宪法规定的权利并履行宪法规定的义务。我国现行宪法专门规定了公民的权利与义务。其中，公民的主要权利包括：人身自由权、选举权、被选举权、宗教自由、住宅不受侵犯权等。公民的主要义务包括：遵守宪法和法律、遵守社会公德、爱护公共资产、依法纳税等。因此，公民既有法定权利，又有法定义务。

合格的公民应该去了解自己的权利和义务，不仅要尽力履行自己的义务，而且当自己的合法权利受到侵害时，应勇于主张和维护自己的权利。

当今时代，不少中国人不要说具备维护公民权利的能力，就连公民权利和义务的意识都不具备，尤其是多数年岁已高的人群，遇到问题时总是想通过找熟人和托人情来解决。其原因在于，一方面，中国推进市场化时间较短，普法教育推进时间不足，且老一辈人经历过大锅饭时代，很多人对"私有财产""公有财产""个人权利和义务"等没有形成明确的概念；另一方面，中国经历了数千年的封建时期，臣民意识成为一种代代相传的文化。

然而，年轻一代中这种现象逐渐减少。多数年轻一代都接受过较好的教育，赶上了市场化的时代，对"私有"和"公有"等有更深的理解，更是对公民的权利和义务有了解的意愿，因此也更容易形成较高的公民素质。

从人口结构变化来看，2025—2035年不仅是中国人口年龄结构变化较快的时期，也是人口质量结构变化较快的时期，而中国预计在2030年之后会逐渐进入以中产阶级为主的社会。这也意味着，在法治化加速的趋势下，以中产阶级为主的群体的公民意识的觉醒将会成为未来重要的趋势。未来，年轻群体会逐渐具备更强的参与权意识、知情权意识、监督权意识，同时也会有更好的能力和更多的渠道来保障自己的合法权利。无疑，对于民营企业来说，这意味着公司治理成本的提高。

第三节　民营企业是法治社会的重要受益者

虽然中国民营企业正在不断受益于市场化的完善，但在当下的中国，企业之间公平竞争的环境依然有待进一步优化，例如，国有企业和民营企业，大型民营企业和中小民营企业之间依然存在诸多不公平。

前文已经讲述了"法治"和"法制"的区别。"法治"的最大特色不仅在于约束人民，更在于约束权力机关，让权力机关跟人民一样，受到法律的约束。因此，在法治环境的建设中受益更多的往往是这个环境中的弱者。在完善的法治环境中，社会和市场中的强者会受到同样的约束和监督，而这种约束和监督，会阻碍它们用其已建立的优势社会地位和经济地位，通过隐性或显性的方式制约进行不公平竞争。这意味着，随着法治化的推进，不仅国有企业和民营企业的机会和待遇不平等问题会得到改善，民营企业之间存在的恶性竞争、不公平竞争环境也会发生改变。

从后发追赶国家的经济发展特性来看，对于尚处在模仿和引进或消化和改良阶段的国家来说，公平竞争环境的搭建并不是促进经济发展的最重要因素。因为处在这个阶段的国家跟发达国家有较大的技术差距，只要能较好地确保技术引进渠道，就可以通过消化和吸收国外先进技术的方式快速提高生产能力。简单来说，后发追赶国家在粗放式发展阶段，想要促进经济的发展，最重要的是确保发达国家先进技术引进渠道的通畅。但是，一个经济体想要进入以发明和创造为主的阶段，就必须创造出有利于公平竞争的环境。因为只有完善的法治环境，才可能去掉人为干预，创造出法律至上和法律面前人人平等的环境，这有利于调动大多数人的工作热情和创造热情，进而促进产业结构的高端化、多样化、细分化和专业化。

从中国的情况来看，中国目前正处在高质量发展转型时期。一方面，经过数十年的发展，中国已经度过了模仿和引进时期，具备较强的技术消化和改良能力，而且想要进一步引进国外更为先进的技术，其成本和难度不断提高；另一方面，中国已经普及了高等教育，培养了充足的人才，不仅具备消化和改良国外先进技术的能力，更具备了创新的能力。这一点在中国头部公司中就表现得十分明显。现在中国大量的上市公司都十分重视研发投入，这些企业重视研发不仅仅是为了响应政府号召、享受政策优惠，更是为了提高自身产品的竞争力。在这方面，PCT（《专利合作条约》）专利数量的申请就是很好的例证。PCT专利可以简单理解为国际专利。如果说国内专利的申请多多少少有水分，如有些专利的申请来自政府的要求和指标的完成，那么PCT专利的申请更多表明的是企业本身的意愿。从中国的情况来看，PCT专利申请数量快速增加是从2010年前后开始的，尤其是2015年之后，PCT专利申请数量快速增加，到了2019年，其数量已达到5.9万件，超过美国成为世界第一大国（表4–1）。

表4–1 中国PCT专利申请数量及在世界的名次变化

年 份	2000年	2005年	2010年	2015年	2018年	2019年	2020年
PCT专利申请数量（万件）	—	—	1.15	2.75	5.06	5.90	6.72
名次	第16位	第10位	第4位	第3位	第2位	第1位	第1位

资料来源：世界知识产权组织（WIPO）统计资料。

不少人认为，现在法治进程能够快速推进，主要是因为政策加码，但笔者并不完全认同这种观点。一个政策只有符合时代背景才能遇到较少阻力，同时得到更多力量的支持。从经济发展角度来看，一个政策只有符合经济发展规律，能促进经济发展，才能保持旺盛的生命力。

中国未来发展中，之前在经济发展中起到过重要作用的各类政策，如政府加强投资、降息减税、消费补贴等，会逐渐表现出局限性，中国经济想要进一步发展，就必须改善要素流动机制，提高要素转换效率，创造出公平竞争环境，尤其要创造出有利于中小民营企业发展的环境，而法治是促进公平竞争、保障公平竞争的最有利武器。因此，法治的推进不仅仅是政策所向，也是解决目前经济困境、促进中国经济高质量发展的重要因素。

从这个角度来看，中国未来发展中，法治化的整体趋势只会加强不会减弱。自然，在这个过程中受益最大的是民营企业，尤其是中小民营企业。比如，随着法治化进程的快速推进，民营企业的经商环境会不断改善，不仅一些地方政府以言代法、以权压法、执法司法不规范、滥用处罚等现象会不断减少，大型企业的排他性协议、行业垄断、地方保护主义、招标中存在的各种不公平现象，以及其他隐性壁垒会不断得到解决，而且在制度规范化、制度透明化趋势下，通过不正当的政商关系来带动企业发展这种模式的难度会越来越大，其风险也会越来越高。比如，曾经的大型企业可以通过多年建立的政商关系获得更多政策优惠，也可以阻碍其他竞争对手的发展等，但是在法治环境越来越完善的趋势下，大型企业的这种特殊路径和特殊关照会逐渐减少，反而可能因其寻租行为或不正当的竞争方式，承担相应的法律责任。无疑，这对于无依靠、无靠山、没有行业地位优势的大多数中小企业来说是好事情。

当然，法治环境的完善对民营企业是重大利好，但同时也会对民营企业的管理能力和治理能力提出更高的要求。法治化的推进会不断提高企业经营的透明度要求，并不断完善企业职工的维权渠道，而且小股东维护自身权利的合法途径和有效手段也会不断升级。比如，随着中产阶级的壮大和公民意识的提高，职工在法定节假日不加班会被认为是理所当然的事情，即使别人都加班自己不加班也不会觉得内疚，如果加班拿到加班费也是天经地义的事情。

除此之外，在法治环境不断完善的趋势下，不仅中小股东、公司员工等各企业利益相关者会主张更多的知情权、监督权、参与权等方面的权利，同时也会寻求更好的途径和拥有更强的能力保护自己的利益。民营企业中存在的各种不规范的关联交易、隐性担保，以及为大股东和高管的利益牺牲公司整体利益，损害员工利益及其他利益相关者利益的行为会受到更多的监督和更为严厉的惩罚。这也意味着，虽然随着法治环境的完善，民营企业，尤其是中小企业有望享受更为公平、机会平等的待遇，但同时其公司管理和治理方面也面临着被提出更高要求的情况。

第五章　多层次金融市场的建立

　　金融是经济的血液。实体经济发展中，畅通的金融渠道和多样化的金融工具可以大幅提高经济运行的效率。然而，中国目前经济环境和金融环境不匹配的现象还较为明显，一方面是多层次的金融市场和丰富的金融工具尚未形成，另一方面是国有企业和民营企业、大型民营企业和中小民营企业融资地位不平等问题未能得到较好的解决。

　　中国已进入了供给过剩时代，并通过加速推进法治化，加大知识产权保护和反垄断力度等方式不断搭建出公平竞争的环境。可以看出，中国已经在不断具备高质量发展的重要因素。而在这时候，主要矛盾和次要矛盾之间的关系正在发生变化，随着主要矛盾（法治、人才的培养等）的解决，曾经的次要矛盾，即经济环境和金融环境的错配问题不断上升到重要的位置。因此在未来，经济环境和金融环境结构性错配问题的解决，或许是中国经济进入下一个发展阶段的重要突破口。

第一节　经济发展与金融环境的关系

　　一般情况下，金融环境会随着经济环境的变化而产生适应性调整，其风险特性和风险偏好也会随着经济环境的变化而变化。例如，一个经济体在粗放式发展时期，起到主要作用的是以银行为主的金融机构，但随着产业结构的高端化和多样化，这个经济体中会逐渐会形成风险收益多样化的多层次金融市场。

　　为了更好地了解经济环境和金融环境相互促进、相互适应的关系，这部分内容将举例说明一些发达国家在经济发展过程中金融环境的变化情况。

一、美国的金融发展

美国是世界公认的金融业发达的国家。因此，想要了解金融对经济的促进作用，就不得不先了解一下美国的金融发展历程。

与世界各国相比，美国的银行数量众多，表现出高度分散的银行体系特征。早在1914年美国联邦储备体系成立之初，美国银行的数量就多达20000余家，此后随着金融危机的不断爆发和银行并购的加剧，大批中小银行倒闭或被兼并，银行数量有所减少，但现在的美国仍有5000多家银行。

虽然美国银行数量众多，但由于银行本身有较强规模经济特性，美国的银行业还是形成了较高的行业集中度，例如，美国前十大银行占银行总资产比例为60%左右，其余数千家银行占另外的40%。

由于美国银行数量众多，因此银行间的竞争十分激烈，那些风险管控能力差，业务缺少特性的银行在市场竞争中就容易被淘汰。此外，激烈的竞争也要求银行提升服务能力和提高创新能力来提升自己的竞争力。对于需要融资的企业来说，这种竞争激烈的银行市场更好地保障了不同类型、不同规模企业得到更好、更具针对性的服务。

然而，值得注意的是，美国虽有发达的商业银行，但企业融资中起到更为重要作用的是直接融资市场，例如，美国的融资结构中直接融资（发行股票、发行债券等）占社会总融资的比例超过75%，间接融资（主要为银行贷款）占比不到25%。这不得不归功于美国多层次的金融市场、丰富的金融工具，以及长期发展下形成的先进的公司治理和信息披露制度。

现在的美国已形成了多层次的金融市场。仅从证券市场来看，按照上市标准高低和风险情况的不同，美国形成了纽约股票交易所、纳斯达克全球精选市场、纳斯达克全球市场、纳斯达克资本市场、信息公告栏市场和粉单市场等，而且各个层级的市场之间具有升降级制度。在这一点上，中国的主板、中小板、创业板、科创板、新三板及区域股权市场与其有一定的类似之处。

除此之外，美国还实行严格的退市制度。退市标准主要体现在上市公司的经营业绩、财务状况、资产规模、股权结构等多方面指标。严格的退市制度实现了上市公司的优胜劣汰，保证了上市公司的总体质量水平，并督促上市公司不断提升科技创新能力和经营业绩。

其实，美国也不是一开始就形成了多层次的金融市场，美国在发展早期也跟多数国家一样，如 19 世纪 80 年代到 20 世纪 20 年代[①]，银行是美国的主要融资渠道，间接融资在总体融资中占比超过 60%，一些年份甚至超过 70%。

20 世纪之前的美国虽然已经建立了世界工厂的地位，但其增长方式依然是以粗放式发展方式为主，其主要增长方式为设备投资和产能扩张。在这种增长方式下，银行和企业的匹配性良好，银行可以根据企业的固定资产、营收规模等指标来为企业提供贷款。但进入 20 世纪之后，美国科技对经济的带动作用越来越明显，企业的竞争力不仅来自资金，更是来自人才。尤其是二十世纪四五十年代以来，随着第三次科技革命的兴起，这种现象越来越明显。在这一时期，若一家企业有新技术、新产品，就有可能取得快速发展，如微软、苹果、谷歌等科技公司只用了十几年就从创业公司发展为了行业巨头。当然，这些新兴产业发展早期也充满着风险，也有很高的概率在发展过程中被淘汰，存在着十分明显的高风险、高收益的特性。而银行本身的经营特性所决定的，以债权人角色为主的，较为单一的，如以营收规模、固定资产、利息保障等为主的审核制度，很难匹配这些新兴产业的收益和风险特性。市场需要更多以能接受高风险、高收益特性为主的融资渠道。

随着产业结构的高端化和增长方式的变化，进入 20 世纪之后，美国的直接融资市场快速发展。和银行以利息为主的盈利模式不同，直接融资可以很好地匹配不同的受益模式和风险特性，而且还可以通过灵活多样的金融工具为新兴产业提供融资服务。美国的纳斯达克市场就是典型的案例，自从 1971 年成立以来培养了大量的优质科技股。除此之外，美国多层次的资本市场也大大拓宽了中小企业的融资渠道，中小企业尤其是风险企业可以更加容易地筹措到风险资金。

---

① 美国在发展早期，如 1880 年之前，直接融资比重高于间接融资比重，其原因在于，该时期美国银行业尚处在发展早期。一方面，在这种环境中，企业的融资只能更多依赖直接融资。另一方面，美国间接融资占比较高时期，正好也是各个行业集中度快速提升、规模经济效应明显、从自由竞争迈向垄断竞争的时期。

然而，跟银行不同，资本市场参与者，包括股权投资者和债券投资者，无法对企业经营的状况，如对企业的流水等实施监控，更多的是通过企业披露的信息来了解企业的情况，并做出投资决策。因此，美国在上百年的资本市场发展中，尤其20世纪开始的资本市场快速发展中，建立起了完善的信息披露制度和规范的公司治理制度，逐渐形成了由监管部门、证券交易所、证券公司、会计师事务所、律师事务所、投资者组织、经理人组织、董事协会、董秘协会等各类证券市场参与者和利益相关者组成的复杂的动态网络系统。[1]在这种多元化的监管体系和先进的法治环境中，美国的企业不仅做出各种违规操作的成本很高，在资本市场欺诈和违约所承担的风险也很大，若出现欺诈发行、财务报表造假等行为，不仅要付出高昂的代价，甚至会带来毁灭性的打击。

二、日本、韩国的金融发展

日本和韩国的金融发展也经历了从以银行融资为主到多层次金融市场建立的过程，但由于日本和韩国未经历资产阶级革命，又因受"二战"等方面的影响，所以与美国和英国不同，日本和韩国的金融发展表现出较为明显的政府主导型或政府引导型特色。

"二战"结束时，日本满目疮痍，面对百废待兴的情况，日本政府首先抓住大型企业，并在国家破败不堪、民间缺少资本积累的情况下，通过银行渠道优先给大型企业输血。例如，日本在1947—1951年间，分别建立了复兴金融公库、国民金融公库、进出口银行和国家开发银行等政策性金融机构，并以各种形式（包括银行间拆解、金融债等）把资金注入了大型企业及他们的主银行系列企业。

由于日本本身有工商业的根基，且明治维新以来一直重视教育，又以朝鲜战争"特需"为契机不仅打开了市场，更是引进了大量美国技术，因此其经济得到了快速发展。到了20世纪70年代之后，日本的经济实力突飞猛进，从早期模仿和引进、修复式发展阶段顺利进入以消化和改良为主的阶段，其自主创新能力也日益提高。

同时，随着产业结构的多样化和高端化，日本企业的改良和创新能力也在大幅

---

[1] 仲继银. 董事会与公司治理（第三版）[M]. 北京：企业管理出版社，2018:582.

提高，并在国内外金融改革呼声高涨之下，日本政府开始大力推进金融自由化政策。在这种环境中，日本多层次的金融体系快速建立，企业融资中直接融资的比重快速增加。例如，1959—1970年间，日本企业为扩大固定资产投资而进行的设备投资中，近90%依靠间接融资，但从20世纪70年代开始直接融资比重快速提高，到了20世纪90年代之后，直接融资比重更是超过了50%，现已达到70%以上。

跟日本颇为类似，韩国的金融发展也经历了以政府管制为主到自由放任的过程。20世纪60年代的韩国，不仅民间缺少资本积累，国家也贫穷，政府为了推动经济发展，还得向海外借款。在这种资金有限、资源有限的环境中，韩国政府通过控制银行的方式，用有限的资源来重点推动了少数大型企业的发展。

二十世纪六七十年代的韩国，尚处于粗放式发展阶段，在国际市场上的竞争力主要来自低廉的产品价格，而不在于其产品的高附加值。因此，这时候的银行起到了重要的作用。那些能顺利拿到银行贷款的企业在获得融资之后，只要进行固定资产投资和扩大产能，不仅自身可以快速发展，还能快速带动经济的发展。但是，这种现象从20世纪80年代开始出现了变化。到了20世纪80年代之后，一方面历经了二十多年的发展，韩国结束了稀缺经济时代，粗放式发展模式下产能过剩问题逐渐严重；另一方面，该时期的韩国已经培养了人才、消化了技术，不少企业开始向高科技行业进军。自然，到了这个阶段，企业的经营风险也出现了多样化趋势，它们需要的是收益和风险多样化的金融环境。

为了缓解日益多样化和高端化的产业结构和以银行为主的单一金融模式之间的矛盾，进入20世纪80年代之后，韩国政府逐渐取消了各种限制企业发展的政策法规，逐步减少了对少数企业的特殊关照，以及通过推进金融机构自主经营，进出口自由化和资本自由化等方式来不断创造多层次的金融市场。

中国金融市场的发展，跟日本和韩国有颇多类似之处。改革开放早期，中国的经济发展也表现出政府主导型或政府引导型特色。该时期中国的增长方式是粗放式，因此银行在经济发展中起着主要作用。国有企业作为中国经济的主要组成部分受益也更加明显。

然而，进入21世纪，尤其是在2010年之后，中国粗放式发展模式遇到了瓶颈，一是中国已渡过稀缺经济时代，现物质丰富；二是中国多数企业也顺利度过了模仿和引进阶段，逐渐开始进入消化和改良，甚至是发明和创造阶段。从经济环境和金融环境的匹配性来看，想要支持这个阶段的发展，需要的是风险和收益多样化的金融市场。因此，大致进入 21 世纪之后，中国多层次的金融市场的发展开始加速。但目前的中国，以资本市场为主导的金融市场尚未形成，而且不同主体，如国有企业和民营企业，大型民营企业和中小企业之间的融资环境的不公平问题也十分突出。

总体来看，经济发展和金融发展是相互匹配、相互适应的过程。在没有明显阻力的情况下，金融市场会随着经济的发展做出适应性调整。如在粗放式发展时期，企业的增长主要通过建设厂房、投资设备和扩大产能来推动，在这种生产方式下，银行有较好的能力评估企业的经营特性和资产规模，以贷款为主的融资方式有明显的优势，其风险匹配度也较好。但到了集约式发展时期，尤其是进入知识经济时代之后，企业的竞争力表现在多个方面，高风险高收益的企业逐渐变多，很多企业连房屋、建筑物、机器等固定资产都没有，银行很难评估这些企业未来现金流的稳定性。这时候，直接融资可以很好地适应不同受益特性和不同风险特性的企业。自然，随着科技的发展和产业结构的高端化，市场价格、公司治理、信息披露等多种机制并行的资本市场会受到更多的青睐。

第二节　中小企业的发展与融资环境保障

一、中小企业发展与高质量发展的关系

经济进入供给过剩阶段之后，中小企业将会是一个经济体转换经济增长方式、迈向高质量发展的重要力量。

在一个经济体中，传统企业代表的是过去的力量，在曾经的发展中起到了重要的作用，新兴企业代表的是未来的力量，目前可能弱小，但逐渐会成为未来发展的主要动力。因此一个经济体只有保障好新兴企业的发展，这些弱小的新兴企业才有可能发展成为大企业，进而促进产业结构的高端化和多样化发展。

除此之外，一个经济体只有在大量优质中小企业的支撑下，才能孕育出真正有国际竞争力的大企业。换句话说，一个经济体缺少大量优质中小企业的支撑，那么这个经济体中的大企业在国际市场上的竞争力，更多来自低廉的成本，而不是产品的高技术含量和高附加值。以英特尔和苹果公司为例，这些公司如此成功，不仅仅是因为它们有与众不同的创新能力，更是因为它们周边有大量配套企业的支持。当然，这些配套企业中也有大量海外企业，但更多还是来自国内和同一地区的产业集群。华为的成功也是如此。如果华为的发展中缺少优质的设备供应商、优质的材料供应商、优质的零部件供应商，那么仅靠它一家之力，也很难获得如此大的成就。

以韩国为例，二十世纪六七十年代，在"重点培养"政策下，一方面韩国中小企业一直处于落后、弱小、零碎的状态，另一方面韩国大型企业为了保持自身的垄断优势，不仅阻碍新竞争者的进入，还排斥与外部的合作，这使得韩国中小企业的发展举步维艰。在该时期，很多韩国中小企业设备陈旧，技术落后，产品附加值低，因此未能形成大企业的配套产业。在这种环境中，大企业因缺少优质配套企业，很多产品和服务都要亲力亲为，其结果就是，这些企业大而不强，因此在金融危机面前大批大批倒闭。

不少后发追赶国家在发展的过程中，往往会过度重视大企业，并想通过大企业来推动经济的发展，但这种发展模式到达一定程度之后就会遇到瓶颈。其原因在于：一是想要真正成就大而强的企业，那么除了企业本身的努力之外，还需要大量的优质配套产业的支持，只有这样才能创造出大企业和中小企业，形成有协同、有配套、有竞争、共同进步的良性循环环境；二是多数国家希望大企业作为火车头带动经济发展，但不少大企业发展壮大到一定程度之后，不仅会失去进取心，反而会通过垄断、官商共舞的方式，保障自己的地位，阻碍中小企业和新兴力量的发展。在这方面，早期的韩国、阿根廷、菲律宾都是典型的例子。也正因为如此，阿根廷、菲律宾等国家一直在中等收入阶段中徘徊，无法顺利跳出。

从多个国家的发展案例来看，那些只重视大企业的发展，不重视中小企业发展的国家，其增长往往会遇到瓶颈，多数徘徊在中等收入阶段，而那些重视中小企业发展的国家，往往能顺利跨越中等收入阶段，进入高收入阶段乃至成为发达国家。

再以韩国为例,韩国在20世纪60年代到20世纪80年代主要重视的是大企业,20世纪60年代到20世纪70年代,韩国的中小企业基本不受政府的待见,政府认为中小企业受到不公平待遇是理所当然的事情。但到了20世纪80年代之后,韩国大企业病的突出[1],以及中小企业的发展不利导致严重的经济衰退之后,韩国开始高度重视中小企业,不断出台有利于中小企业发展的政策。

日本的情况也差不多如此。日本大致从20世纪70年代石油危机之后开始重点关注中小企业的发展,不断创造有利于中小企业发展的环境,到了20世纪80年代,随着产业结构的高端化,日本进一步加大了对中小企业的重视力度。

从美国的情况来看,进入20世纪之后,美国对竞争的理解从早期的自由竞争逐渐转向公平竞争,更加关注中小企业的发展环境。尤其是"二战"后随着第三次工业革命的兴起,机器大工业时代的资本密集型生产方式逐渐转变为知识(技术)密集型生产方式,美国对中小企业的支持和有利于中小企业发展环境的搭建更上一层楼。

对于一个经济体来说,在粗放式发展时期,大企业是带动经济发展的主要群体(因为这时候企业竞争力更多来源于规模经济和范围经济),因此在这个阶段中小企业往往会被忽略,只有到了集约式发展时期,中小企业的重要性才会逐渐增强。

在诸多政策中,为中小企业提供畅通的融资渠道和稳定的融资环境是不可或缺的。因为对于一个经济体来说,大企业由于有稳定的收入、较多的资产、较强的抗风险能力,普遍有较好的融资环境。相反,中小企业由于营收和资产规模较小、员工冗余度小、公司治理不规范等,即使该企业有很好的发展前景,依然要面对众多持续经营和发展壮大方面的挑战。因此,想要较好地促进中小企业的发展,那么仅靠公平竞争环境(反垄断、法治等)的搭建还不够,必须要出台有利

---

[1] 韩国财阀在政府的扶植下发展壮大,政府给这些企业关税保护、出口补贴、低成本贷款,直至让它们成为韩国经济的命脉。因此财阀们认为只要企业规模足够大,便不可能倒闭,政府总会伸出援手。在这种风气下,企业经营产生了严重的道德风险,利润率不再是企业考虑的主要因素,其主要思路在于扩大规模。这导致了它们的盈利能力和资产质量开始下滑。

于中小企业发展的政策，尤其要创造畅通的融资渠道和稳定的融资环境。

二、美国中小企业的融资

美国不仅有竞争充分的银行环境，更有发达的资本市场。因此，美国不同规模的企业、不同风险特色的企业都有更多的机会选择更适合自己的融资方式。

（1）*银行融资*

从银行角度去来看，美国已经较好地形成了银行为了生存和发展，主动向中小企业提供资金的竞争格局。尤其是 20 世纪 70 年代之后，随着美国资本市场的快速发展，美国大企业纷纷选择直接融资，银行在强大的生存压力下，不得不把更多的目光投向中小企业，并创造出一系列适应不同类型、不同阶段中小企业特点的金融工具和金融产品来维持自身的经营和发展。

一般情况下，随着一个国家产业结构的高端化发展、多层次金融市场的建立，大企业融资渠道越来越多，融资工具也越来越丰富，对银行的依赖性会逐渐减弱，银行迫于竞争压力会把更多目光投向中小企业。这种现象不仅在曾经的美国和英国发生过，在日本和韩国也正在发生，中国也是如此。

（2）*债券融资*

在美国，中小企业也能享受到较好的发行债券的环境。发行高收益债券是美国中小企业的重要的直接融资方式。高收益债券也称垃圾债券，通常是指那些标普信用评级在 BB 级以下，风险较高，收益率也较高的债券。

美国高收益债券市场的发展和成熟得益于美国完善的资本市场和信息披露制度。在债券风险控制制度方面，美国有严格的信息披露制度，发行人需要提供债券发行有关的一切信息，且需对提供信息的真实性、准确性承担法律责任。如注册报告书中存在不诚实披露等情况，则持有该证券的任何人都有权对相关责任人提出诉讼，包括债券发行人、保荐人、承销商和相关评级机构。在这种环境中，高收益债券购买者普遍知道自己所承担的风险，也不必过多担忧因信息披露不真实导致的自身合理权利的损失。

众所周知，美国不仅有发达的债券市场，更有发达的衍生品市场。这就大幅通畅了美国中小企业债券的发行渠道和流通渠道。美国中小企业发行的高收益债券不仅有良好的交易流通渠道，也可以通过分类、打包、结构化等方式，发行给不同风险偏好的人群。美国发达的资本市场是日本、韩国、中国等多数国家所不具备的，因此日本、韩国、中国的中小企业较少通过发行债券来融资。当然，美国在2008年发生金融危机的重要原因也在于过度发达的衍生品市场及监管的滞后。

（3）股权融资

美国的企业无论大小都有较好的股权融资渠道。有一定规模、一定体量的企业可以通过纽交所、纳斯达克等成熟市场进行融资，体量较小的企业可以在信息公告栏市场和粉单市场获得融资，还可以在各州发行股票的小型公司的柜台市场获得发展所需要的资金。

在充分竞争的环境中，美国也产生了世界最大的私募市场。以对中小企业起到重要作用的风险投资为例，二十世纪五六十年代，大量的中小企业通过风险投资发展壮大。在美国的发展及技术进步过程中，风险投资起到了极大的推动作用，为技术创新提供了资金支持并分担了风险，推动了高新技术的产业化，助推了高科技产业集群的形成。反过来，技术进步又激发了风险投资的热情，为风险投资提供了获取高额利润的投资渠道。

一项科研成果在从实验室走向市场，并实现产业化的过程中，都需要大量的资金投入。在新技术开发阶段，由于企业处在初创期，存在明显的高风险特性，因此银行很难对这类企业提供持续性资金支持。而美国多层次的资本市场可以很好地解决这些问题，让那些有特色的企业快速成长，并让其走向舞台的中心。例如，美国硅谷是风险投资和高新技术产业的聚集地，每年都有大量的公司和大量的专利问世，而风险投资者们乐于追逐有发展潜力的高科技公司，帮助这些创业者实现梦想并取得共赢。

在美国，多层次且竞争充分的金融市场确实为中小企业的融资畅通了渠道，让不同特色的企业有更好的条件获取跟自己风险匹配的资金。但由于中小企业本身存在持续经营性较差、资产规模较小、抗风险能力较弱等劣势，依然有不少中小企业要面对融资渠道不畅通、融资稳定性差等方面的问题。为此，美国政府也通过一系列有益于中小企业融资的政策来缓解这些矛盾,如税收优惠、贷款担保计划[①]等。然而,值得注意的是,美国更多强调的是政府的服务功能,并通过完善市场、规范市场、消除不利于中小企业公平竞争的障碍来鼓励、扶持和督促金融机构向中小企业融资,很少通过直接干预或建立支持型机构等方式促进中小企业融资。

三、德国、日本、韩国等国家中小企业的融资

德国和日本的资本市场远没有美国的那么发达。跟美国资本市场主导型模式不同,德国和日本被认为是银行主导型模式,即银行在企业融资中起到更为重要的作用。但是德国和日本通过政府引导和搭建担保系统等方式,也能较好地保障中小企业融资的畅通性和稳定性。

以德国为例,德国的中小企业在以政策性银行为主力、商业银行为核心、担保银行做保障的环境中,能较好地享受融资的稳定性和持续性。

德国认为商业银行在自身的风险偏好下很难给中小企业贷款,这虽然有利于商业银行的利润最大化,但不利于经济的长期发展与社会的稳定。在此类思路的影响下,德国建立起了能促进中小企业融资的担保银行和政策性银行。

目前,德国有数十家担保银行,它们分布在全德国境内各个州,每个州至少有一家担保银行。担保银行独立于德国政府,业务不受干涉,出资者主要是工商业协会、信贷机构及保险公司等,其目的在于通过促进中小企业发展,带动自身业务的发展。这里需要注意的是,担保银行不直接接受企业的担保申请,只通过储蓄银行、合作银行、商业银行等贷款银行从事担保业务。

举一个简单例子,如果德国一家中小企业向商业银行提出贷款申请,但达不到商业银行发放贷款的条件或其贷款金额不能满足企业的需求,而银行又看好该企业的发展前景,则商业银行可代企业向担保银行提交担保申请(担保银行不直接受理企业的担保申请)。如果担保银行通过该企业的评估,则商业银行会发放

---

① 例如,某个符合条件的中小企业向金融机构申请贷款时,由小企业管理局提供一定比例的贷款担保,金融机构自主决定是否提供贷款,贷款风险由小企业管理局和金融机构共同承担等。

贷款，担保银行会与放贷银行、企业签署三方担保贷款协议。在这种模式下，那些规模较小的企业即使经营年限较短，缺少流水支持或抵押品不足，但其前景被看好，则依然有较好的途径可以得到长期稳定的贷款。

德国这种担保银行有较强生命力的关键在于，联邦政府和州政府对中小企业贷款进行反担保，并承担大部分风险。如当企业发生风险，无法还贷时，贷款银行一般承担不少于20%的风险，其余的80%左右的风险由担保银行、联邦政府、州政府共同承担。一般情况下，联邦政府和州政府会承担其中的60%～80%，相当于总贷款风险的48%～64%，担保银行最终只承担总风险的16%～32%。例如，当企业发生风险，无法还贷时，有些州联邦政府提供31.2%的反担保，州政府提供20.8%的反担保，担保银行只承担余下28%的风险；有些州联邦政府提供38.4%的反担保，州政府提供25.6%的反担保，担保银行只承担余下16%的风险。

当然，德国政府对担保银行也有各方面的要求。例如，最高担保额不得超过100万欧元；服务对象是发展前景良好的中小企业；只能在注册州经营，避免相互业务竞争；只提供担保，不得从事存款、贷款业务；在业务操作上完全独立于政府，不受干涉；每5年评估一次，如果损失率超过3%，将通过增加担保费率、政府增加损失承担比率、投资人增资等方式补充资金等。

其实，德国中小企业的担保系统跟中国一些地方政府设立的中小企业融资担保公司有一定的类似之处，其目的都是解决中小企业融资渠道少、融资稳定性差等问题。不同之处在于，一是跟中国的以短期贷款为主的模式不同，德国的贷款通常以5年以上的长期贷款为主[①]，因此贷款的稳定性更高（如多数年份德国银行

---

① 早在19世纪，"为全社会提供一个健康的融资环境"这一理念就塑造出了德国银行业三大支柱的雏形。时至今日，这一理念一直是德国政府在金融领域的立法、监管和规范市场行为上所遵循的基本思想。在这一思想的影响下，三大支柱已经发展出了两种不尽相同的对企业融资的支持模式。一种称为"中小企业模式"。这种模式建立在长期的、紧密的银企关系的基础上，以银行向企业提供长期贷款为主要方式，辅以日渐增多的以企业管理咨询为主的非金融服务。另一种称为"大企业模式"。大企业模式是建立在企业不断下降的间接融资比例的基础上的，银行除了提供企业长期贷款外还积极参与企业在资本市场上的融资活动，通过深度参与企业的公司治理来影响企业的经营和发展战略。如德国复兴信贷银行的资助贷款以5～20年不等，其中以10～20年为主。

贷款总额中长期贷款占比都超过 70%）；二是德国担保银行并非政府机构，而且按照市场化的规则运作，因此资源配置的效率更高一些；三是中国推行融资担保机构时间较短，政府、银行、担保金融公司之间的有效协同机制尚未建立；四是德国已建成较好的社会信用体系，因此可以有效避免各类道德风险。

德国资质不足的中小企业除了通过担保银行获得融资之外，也可以得到政策性贷款，如德国复兴信贷银行（KFW）的贷款等。跟担保银行业务开展逻辑颇为类似，德国这类政策性银行，如德国复兴信贷银行只通过商业银行开展金融业务，即中小企业也只能向商业银行申请贷款，并经过德国复兴信贷银行和商业银行的系统性分析和评估之后，德国复兴信贷银行会委托商业银行向中小企业提供资金支持。因此，这种模式也称为转贷模式。

德国的股票市场并不发达，即使相比日本也要滞后不少，但在德国建立的较好的担保系统和政策性贷款等模式下，德国的中小企业，尤其是那些有良好发展前景，却缺少经营年限，缺少抵押物的中小企业，也有较好的机会得到长期的、稳定的融资，不仅随着业务的扩大有更高概率得到持续性的融资，更是能大幅减少融资不稳定导致的断贷、抽贷等方面的问题。

同样作为银行主导型国家，日本的情况跟德国的情况大同小异。对于中小企业的融资，日本也设立了不少专门为中小企业服务的国有政策性金融机构，如国民金融公库、中小企业金融公库、商工组合中央金库、中小企业信用保险公库及中小企业投资扶持株式会社等，它们能解决中小企业融资难、融资稳定性差、融资成本高等问题。例如，国民金融公库主要面向零星小企业提供维持生产所需的小额贷款；中小企业金融公库除对中小企业提供设备资金和长期周转资金贷款等一般贷款外，还提供特别贷款，帮助其提高技术、扩大产品出口；商工组合中央金库是一个属于半官半民性质的金融机构，主要面向中小企业发放贷款，是前两家金融机构的补充。虽然这些政策性金融机构贷款对象不同，贷款利率也有所不同，但其共同的特点是贷款的利率比较低，期限比较长。

日本政策性金融机构和信用补充体系充分保障了中小企业可以高效、快速地获得融资，尤其是一些资质较差的中小企业通过信用担保和信用保险的形式获得了"增信"的效果。在这种环境中，大量的民间金融机构就有动力以盈利为目的开展对中小企业的贷款，从而扩大了中小企业的融资来源。

从韩国的情况来看，虽然随着经济的发展和产业结构的高端化，韩国也逐渐形成了以资本市场为主导的金融结构，但其资本市场远没有美国的资本市场那么发达。在韩国，大企业可以通过多样化的金融市场较好地获得资金，但是多数中小企业通过直接融资获得发展资金和周转资金依然存在各种难度。因此，韩国除了不断完善多样化的金融市场之外，跟德国和日本颇为类似，也通过政府主导、信用担保基金、征信评级机构、银行深度参与等方式，尽量去缓解中小企业融资难、融资贵、融资稳定性差等方面的问题。

总体来看，那些顺利成为发达经济体的国家，如美国、德国、日本、韩国等，都在发展过程中强调公平竞争环境，同时也较好地解决了中小企业的融资问题。在这个过程中，这些国家的大企业逐渐具备了更好的配套产业，在竞争和协同中不断做大做强。而大量优质的中小企业不仅促进了该国家产业结构的高端化、多样化、细分化和专业化，还提高了该经济体的就业率，更是促进了第一次分配的公平性，进而推动了该经济体的消费能力，使经济进入良性循环。

第三节　中国融资环境变化趋势

从中国的发展阶段来看，中国目前尚处在以间接融资（银行信贷）为主的阶段。

前文已经讲过经济发展和金融发展的互动关系。在粗放式发展时期，以贷款为主的融资方式可以很好地解决经济发展问题。但随着产业结构多样化和高端化发展，尤其进入知识经济时代之后，银行追求稳定收益，风险评估较为单一的金融模式逐渐无法适应多样化的风险收益结构，因此会慢慢催生出以直接融资为主的资本市场，并逐渐会成为主导力量。

以发达国家为例，发达国家融资结构中直接融资占比普遍超过65%，美国、英国等国家多数年份直接融资占比更是超过了75%，而中国直接融资比重较低，虽然中国直接融资占比从2000年年初不到5%表现出逐渐上升态势，但目前多数年份直接融资占总融资比重仍仅为15%～25%，跟发达国家有不小的差距。

现在中国的民营经济在国民生产总值中占比超过 60%，技术创新占比超过 70%，已成为中国经济发展中的重要推动力量。但是，目前中国的融资环境明显偏向于国有企业，这种现象不仅在间接融资市场上十分明显，在债券发行等直接融资市场上也十分明显。

以银行贷款为例，银行在选择贷款对象时，对国有企业的偏好十分明显。比如，近几年新增贷款中，如 2016—2020 年，国有企业新增贷款比例普遍是民营企业的 3 倍以上。不仅如此，国有企业往往有较大比例的长期贷款，民营企业则以期限一年的短期贷款为主。这直接影响的是民营企业的融资稳定性，一旦宏观政策出现变化或市场出现风吹草动，民营企业就可能面对断贷风险。而且民营企业的实际融资成本也高出国有企业不少，如不少民营企业的融资成本高于国有企业 3%～6%。

债券发行也是如此。随着资本市场的发展，债券发行对中国企业融资的重要性不断增加。然而，从债券发行主体来看，国有企业发债通道更加顺畅，不仅其规模远大于民营企业，在类似的条件下其发行利率也低于民营企业。从规模来看，近几年国有企业每年新发行债券规模少则是民营企业的六七倍，多则达到十倍以上。从发债利率来看，我国不仅存在国有企业和民营企业同评级不同利率的情况，而且同资质不同评级的情况也十分普遍。以 3 年期与 5 年期发债利率为例，主体评级相同的情况下，民营企业的发债利率一般较国有企业高出 100bp。在同资质不同评级方面，一些民营企业净资产规模和主营业收入要好于国有企业，但民营企业评级低于国有企业的现象时常出现。

目前情况下，中国对国有企业普遍存在软预算约束，因此很多人相信国有企业出问题时政府会兜底。从金融机构的角度来看，有些民营企业资产质量和盈利能力好于国有企业，但是从安全边际来看，出现风险时有刚兑预期的国有企业有更高的安全边际。这种刚兑预期下，在信贷融资和债券融资时，国有企业自然就能享受更好的待遇。

在稀缺经济时代和粗放式发展时期，经济增长更多的是靠投资拉动，银行把资金贷给大企业，有益于大企业更好地发挥规模经济优势和范围经济优势。但到了通用商品普及、供给过剩时期，资金依然主要流向大企业，则可能会进一步加重供给过剩，不利于中小企业的发展，也不利于产业结构的高端化、多样化、专业化和细分化。因此，从目前的情况来看，解决经济环境和金融环境错配现象，或将是促进经济运行效率、经济转向高质量发展模式的重要突破口。

一、多层次资本市场的建立会加速

在资本市场方面，中国正在加速建立多层次的资本市场，尤其 2019 年 6 月科创板正式开板开始，建立多层次资本市场的速度明显加快，如随后推进注册制、出台新《证券法》、成立北交所等。其中，注册制的试行与新《证券法》的出台，开启了中国资本市场改革的新篇章。

与曾经的审批制不同，在注册制下，什么样的企业能够上市，定什么样的价格，均由市场来决定。发行制度的变化体现的是政府职能和角色的转变，即从行政管理和市场监督角色转变为维护好制度和市场规则的"守夜人"，这将有益于更好地发挥资本市场服务实体经济的作用。而且注册制改革试点之后的新《证券法》于 2020 年 3 月 1 日起实施，为注册制改革的全面推行奠定了法律基础。注册制的试行与新《证券法》的出台，加强了市场是资源配置的决定性力量这一基本规律，意味着中国资本市场市场化时代的来临，这有望大幅加速形成多层次、风险特性多样化的资本市场。

从受益对象来看，无论是科创板的设立、注册制的试行、新《证券法》的出台，还是北交所的成立，受益更大的无疑是中国的民营企业。例如，科创板对那些新一代信息技术、高端装备、新材料、新能源、节能环保及生物医药等类型的高新技术企业是重大利好，有益于民营企业在技术创新路上融资渠道的畅通；北交所成立的主要目的是为中小企业提供更好的服务。

除此之外，还有一件值得庆幸的事情，那就是中国的资金结构正处在巨变之中。在过去很长一段时间里，房地产成了中国资本的蓄水池，一些年份房地产行业融资规模甚至占据了社会融资总额的 30% 以上。但是，随着城市化进程的放慢，房屋"居住"属性的加强，房屋供需关系的变化及监管的不断严格，房地产的金融属性在不断下降，这不仅会促进更多的增量资金流向资本市场，也会促进更多的存量资金流向资本市场。对于民营企业来说，这意味着更低的资金成本，更多的资金渠道。

二、民营企业间接融资环境会改善，融资稳定性会提高

在中国企业的融资领域中，银行一直是主导性力量，比如，在中国的融资结构中，银行占比超过70%。虽然多层次资本市场的建立会加快民营企业融资渠道的畅通，有益于形成风险多样化的融资体系，但是未来较长时间内，中国以间接融资为主的模式不会有太大改变。直接融资或许能缓解和改善中国民营企业融资难、融资贵、融资稳定性差等方面的问题，但是很难实现立竿见影的效果。因此，在未来较长一段时间，民营企业尤其中小企业的融资难、融资贵、融资稳、定性差等问题，主要还得通过间接融资渠道来解决。

其实，对于民营企业的融资，中国已出台了不少政策。例如，2018年11月，中国人民银行党委书记、中国银保监会（2023年5月18日已退出历史舞台）主席郭树清强调，初步考虑对民营企业的贷款要实现"一二五"的目标，即在新增的公司类贷款中，大型银行对民营企业的贷款不低于1/3，中小型银行不低于2/3，争取三年以后，银行业对民营企业的贷款占新增公司类贷款的比例不低于50%。2019年2月，银保监会发布的《关于进一步加强金融服务民营企业有关工作的通知》（银保监发[2019]8号）涵盖二十三条规定，主要包括：抓紧建立"敢贷、愿贷、能贷"的长效机制，着力提升民营企业信贷服务效率，从实际出发帮助遭遇风险事件的民营企业融资纾困等。

但是，上有政策，下有对策，政策在传达过程中会遇到多方面的阻力，其效果将大打折扣。其中以贷转存和债务风险转移就是较为典型的例子。

在以贷转存方面，比如A企业向银行申请贷款1000万，但这个1000万无法直接提走。银行要求这家企业存1000万，贷2000万。这种操作方式的结果就是，企业贷款额度是2000万，但实际拿到的额度是1000万，要为2000万付利息。这种情况下,企业实际承担的贷款利率为10%~15%。而从银行的角度来看，这种以贷转存的方式不仅帮其完成了业务指标，还提高了收益率。

再举一个债务风险转移方面的例子。若 A 企业向银行申请贷款 2000 万，而该银行的某个贷款客户 B 已经出现了还款风险。为了掩盖不良，银行会给尚未出现风险的 A 企业贷款 3000 万，其中 1000 万由 A 借给 B，然后 B 企业用这笔借款来偿还贷款。其结果是 A 企业获得的资金是 2000 万，但实际贷款的金额是 3000 万，而且需要向 B 追债 1000 万。其中的风险可想而知。从银行的角度来看，这种方式是用 3000 万的正常贷款置换了 1000 万的不良贷款。

笔者在调研企业的过程中时常遇到类似的现象，有些企业迫于无奈接受银行各方面的条件，其实际的融资成本甚至达到了 15% 以上，而且还有可能承担较大的隐性风险。

融资担保制度也是如此。为了更好地支持民营企业的发展，中国较早建立了融资担保制度。但由于种种原因，该制度对民营企业的融资起到的作用较为有限，尚未像德国、日本一样发挥出有效的效果。

改革的思路和方案往往会变成纸面上的政策，而且传达到实体经济的过程往往是曲折的。时机的不成熟，部分因素的考虑不周，地方和既得利益者的阻力等都有可能削弱政策的效果和力度。但从中国目前的情况来看，在中国人才配备已充足、法治环境逐渐完善的趋势下，解决经济环境与金融环境错配问题，或将是缓解中国经济目前存在的种种矛盾，并使其进入高质量发展阶段的重要突破口。从这个角度来看，未来中国对民营企业融资渠道少、融资成本高、融资环境不稳定方面问题的解决力度会不断加大，如进一步加速建立多层次的资本市场，通过各种政策加速打开民营企业的间接融资渠道，加强对金融机构的监管，加速打击金融机构不合规、不规范的操作等。

毋庸置疑，在解决经济环境和金融环境错配问题的过程中，民营企业将会是主要的受益者。但面对变化和变革，民营企业需要做的是改善自身管理，建立透明的治理方式。只有改善管理、治理透明的企业才有可能在未来的变化中享受更多的时代红利。

第三篇

公司治理的改善与企业竞争力的提高

第六章 企业为谁而存在

第一节 股东至上到利益相关者理论的理解

一、企业为谁而存在

企业为谁而存在？这个问题貌似很简单，但细细思考之后又觉得难回答。很少有企业家真正认真思考过这个问题。就像"人是什么？""人为什么要活着？"一样，看似很好回答，但是想要回答又很难说出所以然。"企业为谁而存在"也是如此。对于一个企业来说，"企业为谁而存在"这个问题的回答，不仅可以定义企业的竞争力，更是能影响企业的发展方向。

其实，从企业发展史来看，"企业为谁而存在"有过数百年的争论史。在资本主义萌芽、工商业快速发展时期，"企业为谁而存在"的答案十分明确，那就是"企业是为股东而存在的组织"。但是，随着时代的发展和文明的进步，这种思维不断得到挑战。现在问"企业为谁而存在"，那么会有很多不同的声音，如有人会说企业为客户而存在；有人会说企业当中员工比股东重要；也有人会说，企业为所有利益相关者而存在等。

以沃尔玛为例，如果有人问沃尔玛"企业为谁而存在"，回答很可能是"沃尔玛是为消费者而存在的企业"。沃尔玛在这种消费者至上思维的指导下，反对工会，努力维持员工低工资，宁可降低股东收益也要为消费者让出实惠。

如果说沃尔玛采取的是消费者至上主义，那么不少日本大企业相信的则是员工至上主义。如日本在终身雇佣制盛行时期，很多日本人认为企业的构成中，员工占据最重要的位置，即认为员工比股东重要。日本人的这种思想至今还普遍存在。

在这些不同的声音、不同的做法中，最为典型的就是利益相关者理论。利益相关者理论认为，企业的利益相关者包括企业的股东、债权人、雇员、消费者、供应商等交易伙伴，也包括政府部门、本地居民、媒体、环保主义等压力集团，甚至包括自然环境、人类后代等受到企业经营活动直接或间接影响的客体。这些利益相关者与企业的生存和发展密切相关，他们有的分担了企业的经营风险，有的为企业的经营活动付出了代价，有的对企业进行监督和制约，因此企业的经营决策必须要考虑他们的利益或接受他们的约束，即企业的业务开展并不仅仅是单个企业问题，也会涉及周边利益相关者和整个社会。

在这种认识下，利益相关者理论强烈质疑"公司为股东所有"的观念，并强调任何一个企业的发展都离不开各利益相关者的投入或参与，企业追求的是利益相关者的整体利益，而不仅仅是某些主体的利益。

目前，企业并非股东所有物，而是利益相关者的所有物的思想，在很多国家的公司治理方式中都有实践，其中日本和德国最为典型。

以日本为例，在其终身雇佣制盛行时期，不少日本企业认为，企业并非股东的所有物，而是属于股东、员工、客户等所有利益相关者的共有物，其中员工处于最重要的位置。究其原因在于，股东可以轻易结束与企业的关系，并用资金购买收益更高的资产，但对于终身雇佣制下的员工来说却很难选择离开企业，员工比股东承担了更多的经营风险，也负有更强的责任感，员工为企业做出的长期贡献远高于股东，因此也应该拥有更多的资本支配权与收益分享权。对于日本企业的这种认知，东京大学经济学教授小宫隆太郎评价道，"在日本人的观念中，企业能够在社会上生存下去的最重要的基础不是股东提供的资本，而是独有的技术，而拥有技术并创造技术的是'人'，所以员工才是最宝贵的资源。而且，股东可以通过分散投资的方式加入企业，可以在企业业绩不佳时卖掉股票，因此并非完全、彻底承担入股企业的经营风险。但是终身受雇于企业的员工想要退出则很困难，他们没有办法分散就业风险，也没有一种机制能够帮助他们回收已经投入的时间、精力和情感成本"。

在这种理念下，日本企业在经营活动中，往往关注的不是企业短期利润的高低，也不是股价的升值，而是企业的长期发展。而且在这种理念下，很多日本大企业采取的是员工导向性的治理结构，例如，企业的战略决策中起到重要作用的是管理层而不是股东层；多数企业的股东一般不会参与企业的战略制定和经营管理，只有企业出现大幅亏损等情况时，才会参与企业的治理等[①]。

德国的情况也有颇多类似之处。德国的公司治理采取的是共同决策制度。如德国公司监督董事会（类似中国企业的董事会）并不仅仅是股东代表构成的组织，在德国企业的监督董事会中，不仅有股东代表，还有工会代表、员工代表、债权人代表等，大家一起制定企业经营与发展的重大决策。

跟日本和德国不同，英国和美国采取的是以股东利益为主的治理结构。以美国为例，美国普遍认为，企业最主要保障的是股东的利益，至于职工、债权人、消费者等其他利益相关者利益的保护，不在企业应该考虑的范畴之内，而是政府、国家的责任。因此，美国的公司治理中，即美国公司的董事会中，一般没有员工代表、工会代表、债权人代表等利益相关者的席位。但是，美国要求企业加强信息披露，以免股东和董事会损害其他利益相关者的利益。除此之外，美国还通过大力推广独立董事等方式保护其他利益相关者的利益。

看到这里，不少坚信股东利益至上的读者，其原有的价值观可能会受到冲击，可能会重新思考"企业到底为谁而存在"这个问题。

二、存在与本质

其实，想要回答"企业为谁而存在"这个问题，那么先要回答"企业为什么能存在"这个问题。

客观事物的发展中，我们只有先解决生存问题，即存在问题，才有条件探讨生存的价值与意义。比如，一个人先解决生存问题才有可能考虑人生的意义和价值等问题。人是如此，企业也是如此。如果企业连生存都无法保证，那么谈存在的意义又有什么用呢？"存在高于本质，因为存在先于本质"，这句话的道理就在于此。

那么，企业为什么能够生存呢？

在市场经济条件下，企业能够生存是因为拥有市场竞争力。企业在市场中只有能够保持一定的竞争力，才有可能盈利，也才有可能持续不断地生存下去。

---

① 这类企业大部分是主银行制度下交叉持股和法人持股较为明显的企业。对于多数中小企业来说，在公司治理中起到更为重要作用的是股东或股东代表。

第六章 企业为谁而存在

我们已经回答了"企业为什么能存在"的问题，即企业能存在是因为企业具备竞争力和盈利能力。那么接下来的问题是，在一个企业中，最关心企业竞争力和盈利能力的会是谁呢？是股东？是债权人？是员工？还是客户和供应商等其他利益相关者？

毫无疑问，在企业的诸多利益相关者中，最为关心企业盈利能力和竞争力的是股东。

不难想象，在企业利益相关者中，债权人更为关心的是资金的安全性和利率的保障等因素；员工更为关心的是薪酬福利待遇、工作的稳定及晋升空间等因素；供应商更为关心的是货款的及时支付和合作的长期性等因素；客户更为关心的是产品的性价比及有没有替代品等因素，他们一般不会关心企业的竞争力是否会加强，如果产品不行，他们会寻找替代品；其他利益相关者，如社区、学校、媒体等更多关心的是企业的外部效应，如企业是否产生污染、是否参与公益活动等，他们一般不会关心企业的竞争力和生死。而跟这些利益相关者不同，企业中只有股东才会切切实实地关心企业的盈利能力和竞争力。因为，只有能保持竞争力的企业才能产生利润，才能给股东带来更高的回报，而股东设立企业、投资企业的目的就是实现收益。

因此，从企业的角度来看，企业的生存与发展中最为核心的一定是股东。企业只有能为股东带来收益时，才具备存在的必要性，这样才会有更多的人愿意组建企业，投入自己的时间、精力、金钱来促进企业的发展。这也意味着，一个经济体只有充分保障股东的利益，创造出有益于多数股东受益的环境，才能保持活力，才能不断孕育出有竞争力的企业。

当然，对于国有企业来说，企业存在的意义可能有些不同。因为国有企业的设立本身就带着一定的社会责任，参与的领域往往公共性也较强。因此，国有企业可以长期战略性亏损，也可以不以盈利为最主要的目的。

但民营企业却不同，它们一定要以盈利能力和竞争力作为最主要的目标。因为只有这样的企业才能在市场中生存下去。所以，如果一家民营企业愿意妥协较大的股东利益，那么其目的一定是提高企业的竞争力，为的是给股东更多、更长期的回报。

这一点无论是上文提到的沃尔玛还是日本企业都是如此。沃尔玛乍看起来是消费者利益至上，企业可以为消费者妥协员工利益，妥协股东利益，但这种方式保障的是企业的竞争力和股东的长期回报。

日本企业也是如此。确实，不少日本企业坚持的是员工利益至上的原则，并在这种思维下，股东向员工做出了较大的妥协。但这里有一个潜在条件，那就是这种方式有利于企业竞争力的提高。关于这一点，20世纪90年代的日本企业就是一个很好的证明。当日本经济泡沫破灭，企业面对生存危机时，企业优先保障的是股东利益。在生存压力下，多数企业不顾多年坚持的终身雇佣制，最终还是裁掉了员工，以断臂求生。

与之相反，如果一个经济体中，企业不以利润为导向，不考虑竞争力也能很好地生存下去，那么这种经济更像是计划经济而不是市场经济。关于计划经济，无论是苏联的模式还是中国早期的计划经济，都存在一定的缺陷。其中最为典型的就是计划经济不利于创新，不利于生产效率的提高，不利于财富的积累，不利于新技术的出现，不利于产业的分化等。

而在市场经济条件下，企业不得不以利润为导向（无论长期或短期）。因为，一个企业只有以利润为导向的时候，才有动力提高效率、降低生产成本、研发新产品、投入新技术、思考新模式等。只有这样，企业才能更好地保障自身的竞争力，并能在激烈的竞争环境中保持竞争优势且生存下来。在市场经济条件中，一个企业如果失去竞争力和盈利能力，那它必将走向衰亡。

三、利益相关者理论兴起原因思考

前文我们已经讲述了企业存在的原因。在市场经济中，企业之所以能够存在是因为它有一定的竞争力和盈利能力。而在企业的利益相关者中，最为关心企业竞争力和盈利能力的是企业的股东。

那么，这里就有一个问题。在企业的利益相关者中，明明股东是最关心企业盈利能力和竞争力的群体，可是为什么随着经济的发展，很多国家并没有坚持股东至上的原则，而是越发关注其他利益相关者的利益，甚至提倡利益相关者理论呢？例如，如美国和英国就对其他利益相关者十分关注，并通过加强信息披露，聘请独立董事等各种方法尽可能地保障其他利益相关者的利益；德国和日本更是采取了股东与其他利益相关者共同治理企业的方式来保障利益相关者的利益。笔者认为，其原因在于：一是利益相关者理论有利于社会文明的进步；二是利益相关者理论在特定的环境中有利于企业竞争力的提高。

从企业发展史来看，早期的企业主要是为股东而存在的实体。企业存在的意义就是为股东创造利润，实现股东利益最大化。因此，该时期的企业，只要法律没有禁止，什么事情都可以做。

然而，企业的这种唯股东利益至上的增长方式，却给社会带来了不少问题。比如，资本主义早期是"羊吃人"的时代（资本原始积累时期），被赶出家园的农民变成了无家可归的流浪者，这不仅影响了社会的治安，还激化了社会的矛盾；工业文明时期，很多企业在股东利益至上的思维下，大量排放污染物，不仅影响了社会居民的身心健康，还导致了大量畸形儿的出现；不少资本主义国家在发展早期，过度压榨女工和童工，不仅损害了这些人的身体健康，还造成了这些人精神颓废、自甘堕落，其结果不仅影响了这一代人，还影响了下一代人。

在种种这类事件中，更多的人开始意识到，企业不仅仅是一个只求盈利的组织，而是跟社会有密切关系的组织。唯股东至上主义或许能给社会带来财富，但是也会导致经济发展的不平等，甚至会引发诸多社会问题。

而且，随着工业文明的推进，企业跟社会的关系也越来越密切，企业对社会的影响力也越来越大。在这种趋势下，1923年，英国学者Oliver Sheldon提出了企业社会责任的概念，认为企业社会责任有道德因素在内。1953年，H.Bowen在《商人的社会责任》一书中，正式提出了企业及经营者必须承担社会责任的观点，并首次给企业社会责任下了一个明确的定义。[①] 从此开始，利益相关者理论慢慢兴起。到了20世纪60年代，尤其进入20世纪80年代以后，利益相关者理论的影响力快速扩大，不仅影响了诸多国家的公司治理模式，更是促进了企业管理方式的转变。

那么，这里又有一个有趣的问题。为什么利益相关者理论快速得到认可的时间

---

① 仲继银.董事会与公司治理：第三版[M].北京：企业管理出版社，2018:5.

是从20世纪60年代开始，而不是其他时间呢？要知道，股东和其他利益相关者之间的矛盾并不是20世纪60年代才开始突出，而是资本主义诞生以来一直都很严重。

笔者认为，利益相关者理论从20世纪60年代开始快速得到认可，固然跟社会文明的进步、民主的推进、公民意识的崛起等有关，但还跟一个重要的因素有关，即企业竞争力特性的变化。简而言之，利益相关者理论在20世纪60年代开始快速得到认可是因为，这种理论总体上有益于企业竞争力的提高。

从时代特性来看，20世纪60年代正好是第三次工业革命兴起时期。在这一背景下，知识密集型企业占比不断扩大，并逐渐成为带动经济发展的主流群体。在粗放式发展时期，那些有低成本融资渠道的企业、有特殊行政资源的企业更容易脱颖而出。但是到了知识经济时代，企业的竞争优势主要来源于人力资源，即员工的创新、创意及主动性对企业竞争力的影响越来越大。因此，企业只有跟员工深度绑定利益，发挥员工的主观能动性，才能提高企业自身的竞争力，而这正好跟利益相关者理论不谋而合。简单来说，利益相关者理论要求企业重视员工，而重视员工，让员工发挥主观能动性是知识经济时代企业提高竞争力的重要手段。从融资属来去看也是如此。粗放式发展时期，企业融资主要来自银行融资和内部融资。但随着粗放式发展转向集约式发展，企业融资中股权融资、债券融资的重要性不断提高，在这种趋势下，那些能够更好地保障中小股东利益、更好地保障债权人利益的企业，更容易获得竞争优势。

综上，利益相关者理论是社会文明进步到一定程度，以及进入知识经济时代之后才容易得到青睐的理论。在利益相关者理论得到越来越多重视的趋势下，那些仍处在粗放式发展阶段的企业，可能因承担较多社会责任，向员工让渡更多利益而产生企业竞争力下降的问题，但是多数迈向生产高附加值产品阶段的企业，在承担更多的社会责任、向员工让渡更多的利益的过程中其竞争力反而得到了提升。

要知道，现代经济中企业是社会的细胞，只有企业活经济才能活。如果在一个经济体中，企业承担过多社会责任，向员工妥协较多利益，则企业运营成本必然上升。如果企业成本上升，而竞争力没有上升，那大量企业可能就会破产倒闭。这会带来更为严重的社会问题，如就业、治安、卫生、贫富差距、社会稳定等方面的问题。

实际情况也是如此。那些顺利转型为人力资本型的企业，如多数发达国家的企业，并没有因给员工提供较高的薪酬福利待遇及承担更多的社会责任而失去竞争力，反而是提高了产品附加值，增强了竞争力。相反，一些尚处在粗放式经济发展阶段的国家，在民粹主义之下，过度强调企业的社会责任，过度强调员工的福利待遇，最终导致的是大量企业的破产倒闭、失业率的提高和社会的动荡。在这方面，阿根廷、巴西等诸多拉美国家都是典型的案例。

那么，中国的情况又是如何呢？

从中国的情况来看，中国正处于高速发展向高质量发展的转型时期，很多企业也从早期的以简单重复性劳动力为主的企业转型为以人力资本为主的企业。对于这种观点，不少中小企业或许不以为然，因为中国仍有大量中小企业尚处在粗放式发展阶段。但如果了解一下上市公司的情况后却发现实际情况并非如此。作为社会的排头兵，中国很多上市公司已经转型或正在转型为人力资本型企业，如大量上市公司已进入策略性研发投入阶段，专利申请数量快速增加，高等教育及以上人群占比不断提高，管理方式也越来越像发达国家的管理方式等。正因如此，不少学者认为，中国高质量发展趋势已经形成。

随着中国经济从粗放式发展向高质量发展的转型，不仅政府和社会会要求企业承担更多的社会责任，如提高环保标准，提高员工保护水平、更多参与社会公益活动等，求职者和潜在合作者也会越来越看重企业对其他利益相关者的保护。在这种趋势之下，那些尚未顺利转型的中国企业，只有加快转型速度，加快提高企业的竞争力，才能顶得住员工成本上升及更多社会责任带来的成本上升压力。

第二节　价值追求与长青企业

笔者在读初中、高中的时候，还是一个文艺青年，非常热爱阅读各类经典名著。其中，巴尔扎克是笔者最为喜欢的作者之一，巴尔扎克的作品不仅有对人性的细腻分析，还有对社会的赤裸裸的描述，更是充满着哲理性话语。也正因如此，笔者几乎阅读过巴尔扎克的所有文学作品，其中不少作品不止阅读过一次。

虽然笔者现在早已不再是文艺青年，也记不清巴尔扎克作品中的人物和具体情节，但是依然记得巴尔扎克讲过的不少充满哲理性的话语，如对信念的描述就是其中之一。

笔者记得，巴尔扎克在作品中说过"为利益而奋斗的团体早晚四分五裂，但为信念而奋斗的团体却能战无不胜"，并以十分细腻的语言描写了小说各个人物之间的尔虞我诈、人性的贪婪与野心。这句话放到当时的场景，十分引人入胜，使得笔者深深认识到一个组织中信念的重要性。其实，巴尔扎克对信念的认识十分简单明了，他认为，即使错误也要坚持的就叫信念。因为他相信，这种错误往往是暂时的，是没有找到正确路径的结果，通过摸索总会找到突破口。

然而，刚步入社会之际，偶尔反思巴尔扎克的话语，笔者开始觉得这种观点过于理想主义，不大符合现实。一个组织都不能给组织成员提供良好的生活，那么再强大的信念也是海市蜃楼，经不起生活柴米油盐的折腾。尤其从事投资工作之后，笔者深信企业的核心目标就应该是为股东创造收益，如果连这个目标都不能实现，那么再大的信念和目标也是空中楼阁，遥不可及。因为，在笔者当时的观念里，股东就是为利益而凑起来的一群人。

现笔者已进入投资行业近十年，调研过上千家企业，更是经历了太多企业的生生死死、起起落落。笔者慢慢发现，原来对于一个企业来说，有长期的目标，有某种价值的坚持其实是很重要的事情，并不断地确信，光靠信念无法发展企业，而没有信念的企业却很难立足百年。

以笔者亲身经历的案例来说，那些有稳定价值追求的企业，那些没有把销量和利润看作唯一重要目标的企业，往往是在多年的竞争中更容易留下来的企业。不仅如此，那些有信念、有稳定价值追求的企业，即使因一些不幸的事件，遇到了经营困难，但它们更容易得到他人的帮助，其资产也更容易被投资者和其他企业看上。而那些主营业务经常变动，缺少对产品本身的追求，过于看重收入和利润的企业，遇到问题时更容易出现矛盾，股东团队和高管团队更容易四分五裂。

那么，什么是有信念的企业呢？又如何成为这种企业呢？

企业的信念就是其坚定不移地追求的某种抽象价值。而且，这种价值追求，还得具备社会性意义，并且这种社会性意义的坚持，除了能产生财富之外，还能给核心股东、高管等群体带来快乐、骄傲、自豪、欣慰等情感。只有这样的企业才能在追求抽象价值的过程中，即使出现经营问题，但依然会有动力坚持下去。

以谷歌为例，从其成立到发展，谷歌坚持的一直是创新和用户体验。作为一个公司，谷歌也会为盈利考虑，但是面对价值和利润时，谷歌往往会追求价值而不是利润。苹果公司也是如此。虽然早期乔布斯创办苹果公司也是为了赚钱，但乔布斯追求的是产品的完美。由于乔布斯过度追求完美，过度热衷于技术，我行我素等，苹果公司曾一度陷入了困境，乔布斯自己也被董事会踢出局。但时隔十年，乔布斯回归苹果公司之后，虽然学会了包容和妥协，但依然坚持着追求完美的立场。在乔布斯对完美产品的追求和苛刻的要求之下，持续亏损的苹果公司在短短两年之内渡过难关，快速盈利，并不断推出 iMac、iPod、iPhone、MacBook Air、iPad 等划时代的产品。逐渐，追求完美成了苹果公司多数人的价值观，成了苹果公司的信念，更是慢慢成了苹果公司的重要文化。

有趣的是，同样作为 IT 公司，谷歌却跟苹果公司有着截然不同的风格，坚持的是完全不同的价值和信念。虽然这两家公司都把创新当作本命，但它们创新的思维却截然相反。苹果公司会把所有的创新下注在一个产品上，并把它做好，追求完美，谷歌则是追求多样化的创新，并通过市场检验来完成优胜劣汰。谷歌曾这样评论苹果公司，"苹果的产品不可能不好，因为他们只下注了一个产品"。

很多奢侈品的发家历程也是如此。不少奢侈品企业，从作坊开始慢慢起家，往往就是始终坚持某种价值，并不会因市场变化和企业亏损而轻易改变对这种价值的追求，在不断地做好、做细产品的过程中，逐渐成了知名品牌，更是成了大家追求的一种时尚和理念。

相比这些企业，中国的多数企业主要是以赚钱为目的，企业的战略定位和经营思路很容易因赚钱的多少而改变，面对利润和价值冲突时更容易选择利润，很少有企业长期坚持某种抽象的价值。

当然，笔者也遇到过一些追求某种抽象价值的企业，如一景乳业、咸亨股份、唯新食品等。以一景乳业为例，它是一家以生产、研发、销售鲜奶和酸奶为主的企业。为了保证产品有更好的新鲜度，它采取的是直接送达的方式。一景乳业的奶产品（牛奶和酸奶等），每天清晨出库之后，可以在短短几个小时内送到绍兴和杭州地区的客户手中，确保客户拿到的是生产不到48小时的产品。

虽然是好多年前的事情，但笔者对调研一景乳业时实控人讲过的话至今仍记忆犹新，"我的牛奶产量就这么多，以后也不会大幅扩大规模。我希望的是以后你们预定不到我的牛奶时，跟我打招呼，我会优先安排到你们的份额，如果你们还说声谢谢，那我就心满意足了"。可见，一景乳业的实控人要的不是一直扩大产能，赚取更多利润，而是秉承"我就卖这么多，每一个喝我牛奶的人都知道我，感谢我，如果你们预定不到，作为朋友我会优先安排"的思路。在这种思路指导下，他追求的不光是赚钱，更是客户的认可，以及这种认可所催生的自豪感和满足感。

之所以一景乳业带着这种态度，带着这种坚持，是因它的产品品质很高，无论是奶制品里的死细胞数量，还是奶制品里的抗生素和优质蛋白含量等都远优于行业标准。如果有人接触过这家企业的实控人就会发现，一景乳业的实控人是个控制狂，他亲身参与牛场管理的每一个细节，甚至农场里的每一棵树种在哪个地方都有细究。这种状态下生活的奶牛很健康，其牛奶质量也很好。

从经营规模来看，一景乳业也有2000～3000万的利润，但这家公司不急于走资本市场，也没有走资本市场快速发展壮大并快速套现的规划，而更希望发展为家族企业，小而美地传承下去。

多数消费品行业都是市场分散、竞争激烈、可替代品较多的行业。因此，此类行业市场出现供给过剩的时候，很容易产生恶性竞争。竞争加剧时，多数企业迫于成本压力和对盈利的追求，在降价的同时，也会削减成本。但有些企业会坚持自己的风格，把产品做好，即使短期出现亏损也会守住品质。上面讲到的一景乳业、咸亨股份、唯新食品均是这种类型的企业。出现恶性竞争时，考虑到库存、产品的保质期等方面原因，这类企业也会迫于无奈采取低价销售策略，会降低销售价格，但却不会降低产品品质。久而久之，消费者就认识到了这个品牌，认可了这家企业的产品，其产品也逐渐具备了溢价能力，如在别人大幅降低价格的时候，这些企业可以少降价，甚至不降价，却依然能保持一定的销量。

其实，很多中国老品牌之所以经营长久，不仅是因为他们有好的产品，更是因为他们坚持不以牺牲产品质量来换取市场和利润，从而逐渐得到了消费者的信任，也逐渐成长为了知名老品牌。

当然，坚持某种价值的企业也不意味着一直能存活或发展壮大，这类企业遇到问题时不会消失得无影无踪，而是会抓住更多机会东山再起。

这里再举一下笔者调研过的一家挂面企业的案例。挂面行业是价格十分透明、竞争十分激烈的行业。其中笔者调研过的一家挂面企业，由于注重研发、重视品质，不以降低产品品质为代价获取市场等，逐渐得到了区域市场的认可。可这家企业因逆势扩大产能，又加上遇到银行抽贷等方面问题，经营陷入了极度困难。不过它自从2018年陷入经营泥潭至今一直还在经营。企业困难时，不仅有亲朋好友来帮忙，而且企业员工也愿意接受较低的报酬，甚至是无偿工作。在多方助力之下，企业至今还能勉强运营。就像当时企业的一位员工说："这家企业的产品还是很有特色的，如果这么倒下就可惜了。"

2018—2022年，笔者经历了大量企业的破产倒闭，但像这家企业一样，背负着高额负债，账面上的收入无法覆盖运营成本还能坚持数年的案例还是很少见到的。多数的企业不要说经营陷入泥潭，只要业绩开始明显下滑，持续经营风险开始暴露，高管就很可能会纷纷离去。

那么，很多人好奇的问题是，企业追求某种抽象价值是一开始就这样呢？还是慢慢形成的呢？

以笔者的经历来看，很多时候企业的信念并不是一开始就有的，而是在经营过程中慢慢形成的。笔者在调研企业的过程中，十分愿意听企业家们讲创业时候的故事。关于创业经历，很多企业家都会十分自豪地，毫不吝啬地讲出来。这些企业当中很少有企业一开始就带着使命、自豪和骄傲启航。更多的企业家是看到某个机会或者为了赚钱而进入了某个行业。但是这些企业家在发展的过程中慢慢地喜欢上了这份事业，他们在为客户、为消费者提供产品，并在不断收到正反馈的过程中，发现了这份事业的意义所在，并不断享受着它，且慢慢坚定下来，愿意一辈子都干这一行。经营思路也从早期的赚钱为主逐渐变成了一份事业,更是成了一种使命,如同一些企业家所说:"干着干着就爱上这一行了,其他行业也不懂,不敢贸然进去,而且这个行业其实也挺不错的,也挺有价值。"

中国正处在高质量发展转型时期,而高质量发展就意味着企业各方面成本的上升。这些成本不仅包括人力成本,还包括环保成本、规范治理等带来的成本,以及承担更多社会责任带来的成本。在这种趋势下,企业只有提高产品的附加值,才能提高产品的溢价能力,进而才有可能把上升的成本转嫁给消费者和客户。

从这个角度来看,企业除了追求利润之外,还会追求一个抽象价值,即在这个经济环境变化、企业竞争力重塑的时代,提高自身竞争力,成为长青企业。因为,以短期利润为目标的企业看中的往往是眼前的得失,而那些追求抽象价值和善于坚持的企业的立足点多半在于长期发展,在长期坚持某种理念和价值的过程中,其价值理念和坚持会逐渐融入产品,并慢慢成为产品和企业的附加值。

第三节　信念共同体、事业共同体、利益共同体

在粗放式发展时期,劳动力并不是提高企业竞争力的重要因素。因为,在这个阶段的劳动力不仅数量多[①],其工作内容也容易量化和替代。因此在这个阶段,即使劳资关系存在对立,也不妨碍企业做大做强。

然而,到了人力资本时代则不同。在人力资本时代,不仅员工的替代成本大幅上升,员工的工作内容也越来越难以量化。这时候员工工作的主动性就会变得越来越重要。在这一时代,企业只有跟员工深度绑定利益,才能创造出有利于发挥员工主动性的环境,进而更好地提高企业的竞争力。

此外,中国不少企业历经几十年的发展,正处在第一代转向第二代的时期。企业较小的时候,实控人可以关注企业经营的每一个细节,可以按照自身的价值体系来发展企业。因为实控人不仅孕育了企业,更是在企业从无到有、从小到大

---

① 一般情况下,一个经济体在粗放式发展时期生育率普遍较高,到了高质量发展阶段生育率会下降。这种现象不仅中国在经历,很多国家,如日本、韩国及欧美国家都经历了类似的阶段。

的过程中，建立了崇高的威望，所以可以更好地团结起高管团队和员工团队。但是，随着股东人数的增多，接班人的接替，企业的经营会表现出更多的利益博弈，而且很少接班人能建立起像创始人一样的威望。

那么在此类情况下，企业该如何团结力量呢？或许构建利益共同体、事业共同体，乃至信念共同体是一个很好的选择。

一、信念共同体、事业共同体、利益共同体的区别与联系

上文已讲过信念驱动。信念驱动就是对某一抽象价值的坚持不懈的追求。因此，信念驱动会表现出对某一个事务的执着和坚持，即使出现问题，其思路也更多集中于寻找突破口，而不是轻易放弃。信念驱动的人，更容易把某件事情当作一辈子都坚持的事情。

跟信念驱动不同，事业驱动是把某件事情当作值得去做的事情来看待。执此理念的人虽然不会把某件事情当作一辈子都坚持的事情，但跟利益驱动不同，事业驱动也有较好的坚定性，其目的是把事情做好，并获得成就感，而不仅仅是获得收益。

从信念驱动和事业驱动的共同性来看，执这两种理念的人都会把某件事情当作值得去做的事情来看待，并把它做好，不会因出现挫折而轻言放弃。因此，从企业的角度来看，这类人做事情的时候，即使企业在较长一段时间出现收益不达预期的情况，也依然会尽心尽力把事情做好。

从信念驱动和事业驱动的不同来看，事业驱动是较为短期的一个追求，而信念驱动是一个更为长期的价值追求。信念驱动的期限不局限于某件事情的完成，而更可能是一生的追求，还会盼望后继有人。可以看出，信念驱动是一生的事业，是一辈子的事业，更是希望传承下去的事业。

如果一家企业不以短期盈利为主，看中的是长期的发展，那么这类企业就有必要建立核心股东层面上的信念共同体、高管层面上的事业共同体，以及员工层面上的利益共同体的组织架构。其中，核心股东层面上的信念共同体的搭建有益于企业形成长期稳定的战略，不会因企业收益的短期波动产生分歧或裂痕；高管

层面上的事业共同体的搭建有益于大幅提高战略实施的效率,尤其是企业业务开展不达预期时,可以减少人心涣散和系统不稳定导致的各方面风险;员工层面上的利益共同体的搭建,有益于提高企业的管理效率,降低管理成本,从而有利于企业战略和策略的推行。

当然,从企业角度来看,企业的所有成员,即股东、管理层、员工等,都能成为信念共同体是最好的事情。但是,对于大多数企业来说,这不太符合现实。从实际情况来看,很多企业不要说形成全体公司人员的信念共同体,核心股东层面上的事业共同体都较难形成。中国多数企业所处的状态是核心股东和高管在一定程度上形成了事业共同体,而员工层面更多处在有共同利益的状态,连利益共同体都未能形成。从图6-1来看,多数企业处在一般情况1、一般情况2、一般情况3的状态。

	核心股东	高管	员工
理想情况	信念共同体	信念共同体	信念共同体
	……		
可能情况1	信念共同体	事业共同体	事业共同体
可能情况2	信念共同体	事业共同体	利益共同体
可能情况3	事业共同体	事业共同体	利益共同体
	……		
一般情况1	事业共同体	事业共同体	利益共同体
一般情况2	事业共同体	利益共同体	只有共同利益
一般情况3	利益共同体	利益共同体	只有共同利益
	……		
最差情况	只有共同利益	只有共同利益	只有共同利益

图6-1 企业信念共同体、事业共同体、利益共同体模型

注:图中省略的部分中,还有其他的排列组合,如信念共同体、信念共同体、事业共同体,事业共同体、利益共同体、利益共同体等。

这里容易产生混淆的概念是利益共同体和共同利益。不少人可能会认为,一个人在企业工作就是这个企业的利益共同体,然而,实际情况却并非如此。在企业工作的人肯定跟企业有共同利益,但这并不意味着这个人就是企业的利益共同体。在企业中拿着工资，却和企业"同床异梦"的人众多，而且心理上站在企业的对立面的人也不在少数。

利益共同体的要求远高于共同利益。按照字面意思，只有优先考虑企业利益才能算是利益共同体。其表现就是参与企业事务的人主动为企业着想，解决问题的时候优先考虑企业的利益，可以为企业的利益妥协个人的利益等。

从中国的情况来看，不少民营企业在核心股东和高管层面上，算是建立了事业共同体和利益共同体，即核心股东和高管一般能把工作当作一份事业来看待，而且当企业利益和个人利益出现冲突时，可以做到先考虑企业利益，可以为了企业的利益妥协自己的利益。当然，这跟物质基础是分不开的。企业的核心股东和高管多数是善于学习和思考、有体面的收入、有一定资产的人群。这类人更容易看长远，看大局，往往也有更强的事业心，而且他们相对宽裕的生活也允许他们保持这种心态。

但是，企业的员工则不同，许多企业的员工还在为生存而奔波，在这种环境中，员工很难静下心来一心一意投入工作。而且，一般的员工在看不到明确的晋升路线和可观的回报的情况下，是不大可能把工作当作事业来看待的。只有那些少数已转型成人力资本型且有优质的薪酬福利体系的企业，才有可能在员工层面上建立事业共同体。对于多数企业来说，更可能的情况是员工层面上的利益共同体的建立。

值得注意的是，员工层面上的利益共同体的建立也要以一定的物质条件为基础。就以笔者调研过的一些乡镇企业为例，它们不仅工资低，工作环境欠佳。笔者在调研诸多企业时，还遇到过一些让员工戴着手环工作的企业，其目的是让员工不要离开工作岗位，一旦脱下手环就会扣工资。在这类企业中，多数员工的思路就是零和博弈，很难与企业结为利益共同体。因此，想要建立员工层面上的利益共同体，至少在同行业中，其薪酬福利待遇要具备一定的竞争力。

此外，员工层面上的利益共同体的建立，光靠有竞争力的薪酬福利待遇还不够，还得满足员工一定的心理需求，如实控人和高管关爱员工，员工和管理层之间信息传达渠道通畅等。

有竞争力的薪酬体系能提高员工的满足感，而这种满足感能促进员工更多地从企业利益角度思考问题。而企业家和管理层对员工的关爱、信息传达和反馈渠道通畅，可以帮助员工提升归属感。只有体会到归属感的员工，才会把自己当作企业的一分子，更多地从企业的角度出发考虑问题。相反，如果一家企业薪酬待遇远低于行业平均水平，员工的工作稳定性没有保障，员工缺少申诉自己利益的渠道，企业家和管理层只把员工当作纯粹的劳务看待，希望员工更多地从企业利益的角度考虑问题，那么这种想法有时会不切实际。

当然，这并不意味着所有企业都需要建立员工层面上的利益共同体。是否要建立员工层面上的利益共同体还得根据企业竞争力定位来判断。如果企业仅仅立足于低技术与劳动力成本优势，那么建立起核心股东层面和高管层面上的事业共同体就足矣。但是，如果企业未来的定位是提高产品附加值，那么还是有必要考虑提高员工的薪酬福利待遇，以及创造出使员工有归属感的环境。因为这不仅有益于大幅提高企业的凝聚力和管理效率，而且如果进一步来看，员工层面上利益共同体的搭建还是一个企业顺利形成企业文化和形成产品特色的重要因素。

二、环境因素对工作心态的影响思考

建立核心股东层面上的信念共同体，高管层面上的事业共同体，员工层面上的利益共同体是笔者通过调研大量的民营企业，以及研究不少国内外案例之后，根据中国的国情提出来的看法。在目前中国人均收入较低，福利制度尚不完善，多数企业尚未转型成人力资本型企业的情况下，该架构较为符合多数企业的实情。

如果研究不同国家案例会发现，信念共同体到利益共同体的搭建跟一个国家的发达程度、制度环境都有较大的关系。比如，多数发达国家由于有较高的人均收入、较好的社会福利和企业福利、良好的法治环境、劳动群体普遍受过较好的教育等，相比多数发展中国家有更好的条件建立信念共同体、事业共同体、利益共同体。而且同样是发达国家，那些福利性发达国家的企业相比非福利性发达国家的企业，更容易表现出企业的凝聚力。

为了更好地理解环境因素对工作心态的影响，在这里我们通过比较福利性发达国家和非福利性发达国家的案例来进行说明。

人类进入现代文明之后，在事业心和薪酬福利的关系上存在两种不同的观点。一种思路认为，一个人的事业心主要取决于精神因素，跟物质激励关系不大。这种观点认为，一个人的事业心更多来自社会的认可、成就感、自我满足、好奇心等精神方面的因素，而不是物质激励。因此，一个人在生存和生活上得到充分保障时，自然会有心思把一项事业做好，会表现出较高的事业心。这种思路在欧洲国家，尤其在北欧国家得到了普遍的认可，如德国、挪威、芬兰、瑞典等。还有一种观点认为，一个人的事业心主要取决于物质激励。因此，想要激发一个人的事业心，必须要有充足的物质激励进行保障。这种思路在美国、韩国及多数发展中国家得到更多的认可。

在不同的思路之下，不同国家的福利制度建设也有较为明显的区别。例如，认可第一种思路的国家会更加重视全方位的福利制度，会加大二次分配力度，其目的是为更多的人提供无忧无虑的生活环境。在这种环境中，人们之间的贫富差距较小，社会排斥炫富行为，更多的人追求的是朴实的生活。

然而，认可第二种思路的国家则有所不同。这种国家建立社会保障制度的立足点更多在于促进社会稳定和社会公平竞争，给人们提供有一定保障的生活等方面。因此，相比认可第一种思路的国家，在认可第二种思路的国家中，二次分配力度较小，社会保障力度较小。

以美国为例，美国虽然也重视社会保障和社会福利，但它建立社会福利制度的立足点更多在于减少社会不公平，为每个人提供更为公平的起点，以及为弱势群体提供一定程度的生存生活保障等方面。关于事业和成就，美国的主流思想更多认为，只有充分的外部激励才能发挥一个人的事业心和创新力。这种思想如果借用林肯的话来描述，就是要把利益的燃料添加到天才之火上。在这种思路下，美国更崇尚的是市场中的优胜劣汰，自然，美国相比福利性发达国家也更能容忍较高的贫富差距。

当然，这两种不同的思路各有利弊。从有利的一面来看，重视第一种思路国家的国民可以更好地静下心来慢慢做一件事情，有更好的条件追求工作的细节，而且这些国家的国民攀比心理弱，敌对心理小，因此从事工作或开展业务的时候可以更好地进行协同。这种心态最终也会表现在他们的产业竞争力上。如福利性发达国家的产品表现出更为明显的工匠精神，往往有更好的质量，有更好的稳定性，有更长的寿命等。上面所讲到的德国、芬兰、瑞典都是工匠精神较为浓厚的国家。但从不利的一面来看，重视第一种思路的国家存在养懒人较多、财政负担较重、创新动力不足、灵活性不足等方面的问题。

与之相反，重视第二种思路的国家在充足的物质激励和激烈的竞争机制下，相比工作的细节，看重的更多的是成果、个人的能力和表现。从有利的一面来看，在产业竞争力上，这类国家更容易表现出高创新创意、高市场活跃度、高灵活性等优点。但从不利的一面来看，充足的物质激励，激烈的竞争机制带来的是较高的贫富差距，员工之间、部门之间、阶层之间存在较强的敌对心态等方面的问题。

上文我们有讲述德国公司的治理特性。德国监督董事会中不仅有员工代表，还有工会代表、债权人代表等一起参与公司治理。可以看到，德国企业的员工不仅仅是企业的劳动者，更是参与企业经营和分享企业收益的群体，企业的员工可以跟股东一样，分享企业的实际控制权。

其实，不少欧洲国家，如丹麦、挪威、瑞典等国家的公司治理，多多少少都表现出类似的特性，员工可以通过推荐一定比例的董事直接参与公司治理。还有一些欧洲国家，如荷兰、比利时、芬兰、法国、希腊、葡萄牙、西班牙等国家的员工虽然没有任命和推荐董事会的权力，但是也可以通过企业内的员工委员会[①]制度，在一定程度上参与公司治理，如制订利润分配计划或公积金积累方案；制定职业安全、职业健康及职业福利有关制度，企业的部分或整体转让；新设和兼

---

① 工会主要是与雇主对抗而形成的工人组织，员工委员会则是为了以合作替代对抗的组织。员工委员会可以对企业的治理和业务的开展有一定的共决权，这有利于意见有分歧时减少罢工，通过协商的方式解决问题。

并另一企业；企业经营活动的实质性变更或停止企业的主要经营活动；招聘和解聘一批员工；引进或者更新重大技术设备；甚至对董事和管理人员的任免等领域都有较强的发言权。这也是这些国家跟英国和美国等，只有工会，没有任命和推荐董事的权利，也没有企业内的员工委员会，主要通过罢工和集体谈判[①]来解决问题的国家不同的地方。

在这方面，日本的案例也值得参考。跟多数中国人的普遍认识不同的是，不少日本企业的战略制定中起到重要作用的是企业的中层，而不是企业的高层和实控人。

不少日本企业的中层在战略制定中起到重要的作用。从市场敏感度来看，相比企业股东和高管，企业的中层是更贴近市场，也更懂得业务的动向。从企业的组织架构来看，企业的中层跟股东和高管不同，是上下联动、左右协同的关键角色。最为重要的是，日本不少企业的员工，在法人化的股权结构和终生雇佣制为代表的特色的雇工环境中，能对企业保持很高的忠诚度，跟企业绑定的是长期的利益。在这种环境中，企业的中层提出的方案，更贴近市场，更贴合实际，也有更强的实操性。日本企业的高层，如社长，更多的是选择和决定中层提出来的战略，进行对外沟通，平衡各方利益，如协调部门之间的利益，跟关联企业沟通，跟企业的股东或股东代表沟通等。

总体来看，那些福利性发达国家的企业员工，不仅有稳定的工作环境，较小的贫富差距，更是在公司治理和战略决策上有一定的发言权。这种模式从股东的角度来看，确实是让渡了不少权力，也提高了企业的运营成本，但从有利的一面来看，这种模式也更好地绑定了股东、债权人、员工等多方的利益，弱化了公司中不同角色之间的矛盾，让企业不单单作为股东获利的工具，更是作为一个独立的实体，其目的在于提高自身的竞争力，在市场中长期生存，并发展壮大。

在这种环境中，企业的更多员工不仅容易成为企业的利益共同体和事业共同体，甚至会把企业当作命运共同体。也正因如此，这些国家常常能培养出更多的

---

① 谈判内容主要涉及劳动条件、劳动报酬、企业内的人事改革、录用标准、人员流动、劳动合同的签订与解除等领域。

长寿企业。从某个角度来看，这也是利益相关者理论能在这些国家得到更高认可的原因，即利益相关者理论在这些国家中，实实在在地提高了企业的竞争力，促进了社会和经济的协调发展。

相比这些国家，美国、韩国等国家企业的员工在公司治理和战略决策方面一般没有太多的发言权，员工的权利更多的是通过法律途径，参与工会，以及参与其他非政府性组织等方式得到保护的。但是，这并不代表着非福利性发达国家较难建立利益共同体和事业共同体。

以美国为例，虽然在像美国这种非福利性发达国家中，在激烈的竞争机制下，企业的管理层和员工很难成为企业的命运共同体，但是也有较好的条件建立利益共同体和事业共同体。其原因在于，发达国家中多数企业属于人力资本型企业，多数员工不完全从事简单重复性工作，他们有较好的条件发挥自身的能动性。尤其是那些靠高技术水平、高创意来驱动的企业，应聘者进入企业的时候本身就认同企业所做的业务，而不完全是为了薪酬，而且这类企业普遍也能给员工更多的自由和更强的能动性。

在这种环境中，企业吸引的都是有相同想法的人。这些人虽然不一定能成为企业的命运共同体，也较难为企业的信念而奋斗，但这并不妨碍形成事业共同体，让那些有相同想法、相同梦想的人聚集起来去做值得做的事情。

还有一点就是，美国完善的法治环境也有益于形成道德问题由法律来监管、能力问题由市场来选择的环境。在这种环境中，员工在工作的时候会优先从企业角度考虑问题，可以较好地避免投机行为和损人利己的行为。因为这是在完善的法治环境中员工必须具备的职业素养。

从中国的情况来看，虽然中国已有不少企业转型成为人力资本型企业，但是中国更多的企业仍处在粗放式发展阶段。这些企业薪酬福利待遇较低，劳动环境较差，员工素质不够高，多数员工为衣食住行而奔波。对于此类企业来说，让员工成为企业的事业共同体和命运共同体是不大现实的事情。因此，在中国目前及未来较长时间，如果企业能够构建股东层面上的信念共同体，高管层面上的事业共同体，员工层面上的利益共同体，就足以脱颖而出。

第七章 企业发展与企业文化

笔者发现，对企业进行调研的时候，时常会遇到一些企业家讲述他们的企业文化。虽然笔者对宏观层面的制度与文化更感兴趣，但是，评估一家企业时采取的更多思路是从宏观环境、企业所属行业情况、企业在该行业中的竞争力、企业的商业模式和财务状况等去了解一家企业。然而，随着调研案例的增加及跟踪企业时间的积累，笔者逐渐认识到，企业文化确实对企业发展起着不可估量的作用。

第一节 科学管理到企业文化

一、企业文化兴起导火线

企业文化是从20世纪80年代前后开始兴起的一门学问，尤其20世纪80年代初，不少研究日本和美国企业管理差异方面的学术著作出版之后，在世界范围内逐渐掀起了企业文化理论研究的热潮。例如，1981年美国加利福尼亚大学教授威廉·大内（William Ouchi）的著作《Z理论——美国企业如何迎接日本的挑战》深入探析了日本企业，认为日本企业成功的关键在于其独特的企业文化。随后，美国哈佛大学教授特伦斯·E.迪尔（Terrence E.Deal）和美国麦肯锡咨询公司的艾伦·肯尼迪（Allan Kennedy）出版了《企业文化——企业生活中的礼仪与仪式》，此书发现有抽象的价值信念的企业会表现出更强的竞争力，并构建了企业文化的理论框架。

从事件因素来看，日本的快速发展和日本企业全球竞争力的提高是美国企业文化兴起的导火线。

二十世纪五六十年代，美国人更多地认为日本的发展靠的是廉价劳动力驱动，认为日本产品的优势主要来自成本优势，因此并没有给予日本足够的重视，但是到了二十世纪七八十年代，日本不仅成了紧随美国之后的第二大经济大国，更是以其产品的优质性能，击败了美国汽车、精密仪器、精细化工、新材料、医药、半导体等诸多高端产业的企业。这逐渐引起了美国人的关注，开始认真研究日本企业。

在日本的崛起中，美国专家学者发现，美国企业竞争不过日本企业的原因并不在于日本劳动力成本低，更不是美国的科学技术落后，而是日本企业和美国企业的管理思维不同和企业员工的凝聚力不同。

面对发展，美国主要从经济层面、技术层面来考虑问题，研发上依赖少数精英，而在生产管理上更多考虑的是分工、流程的标准化等因素，并在管理中崇尚理性主义、个人主义的管理方式；而日本在不忽视经济因素和技术因素的同时，更注重员工的行为管理、意识形态管理，注重团体，注重共同价值观，注重协作。在这种环境中，日本企业能表现出强大的凝聚力，日本企业员工普遍对企业有很高的忠诚度，能表现出强烈的团队精神，这也促使员工可以很好地从团队角度出发考虑问题，甚至在团队利益和个人利益出现冲突时，主动放弃个人利益。

在日本企业的诸如此类的特性之下，其生产出来的产品不仅物美价廉，性能和质量更是大幅优于美国企业生产出来的产品。从技术来源来看，虽然日本的很多技术来源于美国，但是这种技术在日本可以发挥得更为极致。

以汽车行业为例，美国曾经是世界最大的汽车生产国，但进入二十世纪八十年代之后，日本汽车产量已超过美国，成了世界第一大汽车生产国，最高峰时日本汽车占全球市场30%以上份额。这导致了美国大量汽车产业链公司倒闭和大量员工失业。如果进一步研究日本汽车行业崛起原因会发现，二十世纪七八十年代日本汽车能横扫世界，并不仅仅是因为日本汽车价格便宜，而是源自日本汽车的综合性优势，这种优势表现在装配效率、制造质量、产品的开发周期、设计质量、动力性能、操纵性、乘座舒适度、安全性等多个方面。在这一点上，汽车二手市场就是很好的证明。该时期日本畅销款车3年后在二手市场上价格仍高达新车价格的50%，而同样的美国车却大都只有新车价格的30%左右。对于美国二手车为何不受欢迎,当地许多人指出美国二手车很容易出现"机械松弛的感觉"。

半导体行业也是如此。美国是第三次工业革命的发起国,也是芯片的发明国。1978年和1982年,在4K、16K芯片的产量中,美国分别占世界总产量的87%和61%。但日本学习和引进美国技术之后,很快就赶上并超越了美国,日本企业不仅制造成本低于美国企业,更是在产品性能、稳定性、研发周期、良品率、产品寿命等诸多指标上实现了全面超越,让美国的半导体企业逐渐退出市场。

汽车行业和半导体行业只是多数人较为熟悉的例子。如果进一步深究日本产业的发展会发现,无论是二十世纪六七十年代的钢铁、电力、石油化工、电机等技术,还是二十世纪七八十年代的汽车、合成纤维、原子能、激光、光纤通信、集成电路、新材料、新能源等技术,它们中的大部分原创技术并不是来自日本,但这些技术在日本经过消化和改良之后,很快就赶上并超过了输出国,成为日本具有竞争力的出口产业。对此,美国商务部描述日本竞争优势时,特意提到"已产业化的主要产业技术方面,日本有明显的优势"。

日本企业不仅在技术的使用和应用方面有很强的优势,在抗风险能力和企业寿命方面也有明显的优势。在抗风险能力方面,1973年和1979年的两次石油危机中,美国企业受到了严重打击,破产倒闭者众多,但两次石油危机对日本企业的影响却较小,在美国还处于物价上涨、失业率上升中尚未恢复时,日本企业早早就开启了新一轮的增长。在企业寿命方面也是如此,相比美国企业,日本企业普遍有更长的寿命。日本百年以上的企业非常多,很多日本地区,百年企业数量占比超过2%,即每100家企业中2家就是百年企业,其中京都府、山形县、岛根县、福井县、长野县、富山县等地区百年企业数量占比更是超过3%。

美国不少专家学者通过研究日本企业之后发现,它们之所以如此成功,主要原因之一就在于日本企业有强烈的凝聚力,能够表现出强烈的团队精神,而这种强烈的凝聚力和团队精神可以让它们在面对发展时一心一意做好产品,在面对困难时可以抱团共渡。在此类结论之下,从20世纪80年代开始,美国掀起了企业文化革命的浪潮,促进了管理思维的变迁,让更多的企业开始更多关注并重视企业文化的重要性。

当然，美国和日本是差别较大的国家。比如，美国多数企业最终股东是个人，多数股东流动性较高，而日本"二战"之后形成了以银行为主的交叉持股结构，股东稳定性较高；美国股东更注重资本利得，日本股东更注重分红；美国企业融资更多来自资本市场，日本企业融资更多来自银行贷款；日本企业员工流动性小，薪酬差距小，而美国企业员工流动性高，薪酬差距大；美国有强大的产业工会和行业工会，日本的产业工会和行业工会势力非常弱；以国民性来看，美国一直崇尚个人主义文化，崇尚自由，而日本更认可社群文化，注重团体意识；美国的价值体系非常多样化，日本价值体系相对单一；日本是单一民族国家，而美国是移民国家；等等。因此，美国企业不会照搬也无法照搬日本企业的文化，但是，美国的管理学界实实在在地看到了企业凝聚力对企业竞争力的重要影响，由此掀起了很多企业根据自身的特色寻找符合自身发展特点的企业文化的浪潮。

二、管理模式的变迁与企业文化的兴起

很多关于经济领域和管理领域的问题，若从企业竞争力和产业竞争力的视角来分析，就能得到很好的解释。企业文化的产生也是如此。虽然日本的崛起是企业文化兴起的最直接原因，但是企业文化能得到重视，最核心的原因还是随着生产力的发展，更多企业的竞争力从早期的资本和规模驱动逐渐转变为人力资本驱动。

（1）二十世纪之前

人类在进入工业文明早期时，虽然工厂制度已经建立，但工厂普遍规模较小，很多工厂采取的依然是作坊式生产方式。该时期并没有形成适用于工业时代的较为系统化的管理思想，多数企业采取的依然是经验为主的管理方式。[①]

然而，随着工业革命的推进、资本的积累、企业的壮大、人员的增多及生产设备和零部件的标准化趋势的形成，不少企业从早期的机械化和半自动化为主的工厂发展为半自动化、自动化为主的工厂。自动化、半自动化工厂的建立大幅降

---

① 从劳动形式来看，在工业革命早期，虽然机械设备和动力设备（蒸汽动力设备）开始普及，但由于该时期多数企业生产规模较小、生产设备和零部件未实现标准化、缺少科学分工等，多数工厂劳动者从事的是相对复杂的劳动。

低了劳动门槛，为劳动的专业化、操作的标准化和程序化提供了极佳的条件。而以泰勒（Taylor，1856—1915）科学管理思想为主的管理思想，正是在这种环境中萌芽，并开始得到普遍认可，逐渐成了第一次工业革命和第二次工业革命时期的主要管理思想的。

要说明的是，这里的"科学管理"跟现在一般认为的"科学的管理"并不是一回事。这时候的科学管理是在把人假设为机器或物品的基础之上的科学管理，是在只考虑人的生物特性，主要运用人的体力劳动的思维下产生的科学管理，而不是现在的人普遍认为的，在考虑人的多样性基础上的科学的管理。

随着标准化工厂的建立，企业发展中起到重要作用的因素逐渐成为了资本和设备。劳动力作为生产要素虽然是不可或缺的因素，但却是容易替代的因素。在这种背景下，更多企业开始接纳科学管理思想，把劳动者看作"人肉机器"，并通过分工和重复劳动的方式提高劳动效率。

如果对泰勒的科学管理思想进行简单概述的话，该思想是把人的精神因素和心理因素剔除掉，把人当作"没有感情和思想的生物"来看待，研究每一个人的行为特性，并以此为基础对人的劳动进行分工、量化、排序、合理组合等从而来提高生产效率的管理思想。例如，尽量把工人的动作细分化，然后研究每项动作的必要性和合理性，重新排列组合之后，去掉多余和不合理的动作，保留合理的动作[1]，依据经济合理的原则，加以改进和合并，以形成标准的作业方法，并在动作分解与作业分析的基础上进一步观察和分析工人完成每项动作所需要的时间，考虑到满足一些生理需要的时间和不可避免的情况而耽误的时间，为标准作业制定标准的作业时间，以便更好地确定一天的工作量。

举一个通俗易懂的例子，即泰勒研究的搬运工[2]，一个正常成年人搬运生铁块的数量为每天 12~13 吨，但通过分工、量化、排序之后其工作效率可以大幅提高。泰勒仔细研究搬运所需要的动作，例如，从车上或地上把生铁搬起来需要的

---

[1] 在不进行分工和标准化的情况下，一个工人要学会多个动作，这不仅需要工人学习更多的内容，也因需要走动等浪费更多的时间。但通过科学分工和标准化之后，一个工人可以在固定位置做重复性工作，这有益于节省学习时间，提高工作效率。

[2] 李方华，李庆场．管理思想史[M]．沈阳：东北大学出版社，2003:96-97.

时间,带着所搬的铁块在平地上走的距离和时间,把生铁扔下或放在堆上的时间,空手回到原来地方的距离和时间等,之后采用科学的办法进行训练,如告诉他们何时休息、何时工作、保留哪些动作、去掉哪些不合理动作、规划合理搬运路线等,并把劳动时间与休息时间很好地搭配起来。这种情况下,工人平均可以将每天工作量提高到47吨,其工作效率提高了4倍左右,而且负重搬运的时间只有42%,其余的时间是不负重的,工人也不会感到太疲劳。

在工业文明早期,科学管理方式有以下好处。一是不断分工,使用标准化动作,刚开始做得较慢的一些作业,随着重复操作而加强肌肉记忆,不仅提高了工作速度,而且降低了犯错的概率,即使工人心不在焉或者疏忽也会因动作熟练而降低犯错的概率。二是分工和标准化不仅有益于降低劳动门槛,也有益于降低劳动成本。对于原本需要有经验劳动力的工作,当把有经验劳动者的复杂劳动分工和标准化之后,它的很多动作就成了简单重复性动作。这不仅有益于减少新进劳动力的学习时间,更是降低了对熟练工的需求,也降低了劳动门槛,让工人上岗就能工作。三是分工和标准化不仅可以减少怠工、克服磨洋工现象,也更容易量化员工的工作量,从而有益于发放计件、计时报酬。

从该时期的研究和实践来看,合理设备的应用及推进科学管理之后,工人被改造成"肉体机器",他们严格按照机器的效率运转,不少工厂的生产效率少则提高数倍,多则提高数十倍。

以制针工作为例(该例子来自《国富论》),如果劳动者没有受到过相当的训练,机械使用不熟练,那么纵使竭力工作,一天也做不出20枚针。但充分分工和动作标准化之后,很多动作成了专门的职业,如一个人抽铁丝,一个人拉直,一个人切截,一个人削尖铁丝的一端,一个人磨另一端等。充分分工和标准化之后,针的制造被分为18种动作,其结果就是10个男人分工合作每天能制作48000多枚针,生产效率得到大幅提高。

从生产方式的特性来看,科学管理思想在以半机械化、机械化、半自动化和刚性自动化为主的生产方式下,非常有益于促进生产力。当然,一个时代的发展不可能只孕育出一种管理思想。比如,与泰勒的从个人效率角度提出的科学管理思想不同，约尔法和韦伯等从组织效率的角度提出了管理思想。又比如，不少研究者和管理者也提出了人性化的管理方式（泰勒本人也提倡人性化的科学管理），一些企业更是运用提高员工的薪酬、搭建员工的福利设施、增强员工归属感等方式提高管理效率。但是，在资本和规模效应是核心竞争力的大制造业时代，这些声音通常被淹没，或者很难成为主流的声音而被接受，无论是在组织管理上还是在生产管理上，更多的企业采取的是把人当作"人肉机器"来看待，并通过劳动的专业化、操作的标准化和程序化来提高生产效率的方式。

（2）二十世纪之后

第二次工业革命之后，能源使用效率的大幅提高及在产业资本和金融资本的融合下，生产力得到了大幅提升。而且随着工业文明的进步，企业的业务不断多元化，生产管理日益复杂，职能部门不断分化，很多企业开始建立除生产以外的研发、技术、设计、宣传、财务等部门。在这种趋势之下，难以量化的工作不断增多，员工能动性的重要性不断提高，员工和管理层之间也不再是较为简单的发命令和接受命令的关系，而是逐渐形成更加复杂、多元化的关系。

此外，第二次工业革命之后，工业化和城市化快速推进，工人的聚集能力、组织能力和斗争能力大幅加强。第一次工业革命时期，工人的反抗更多表现出情绪化下的暴力、无组织性和短期性的特点。但随着劳工群体数量的增加，专业性和聚集性的提高，工会力量不断发展壮大，工人的斗争逐渐表现出较高的组织性和长期斗争性的特征。尤其从20世纪前后开始，在产业资本和金融资本的融合趋势下，工人受不平等待遇的情况更加明显，其斗争性也得到了进一步提高。

在大企业数量不断增加、内部组织结构不断多样化、生产方式逐渐复杂化、劳资之间的冲突不断升级的趋势下，无论是管理者还是研究人员都开始更多关注劳动者的精神因素、心理因素、社会因素等。在这种背景下，尤其进入20世纪之后，心理学、社会学、人类学等学科快速发展，并出现了大量的从心理学、社会学、行为学和人际关系学等角度构建管理架构的书籍，如《心理学和工作效率》《心理学和经济生活》《影响工商业的人：论证和暗示的心理学》《广告心理学的理论和实际》《精神和工作》《工业心理学》《工业文明中的人性问题》《工业文明中的社会问题》等。

在生产方式快速变化，矛盾和冲突升级及诸多研究和探讨之后，大致从二十世纪二十年代开始，主流的管理思维已从早期的把人当作"人肉机器"的思维中摆脱出来，更多地考虑人的社会因素、心理因素、精神因素等，以行为科学为基础的管理架构逐渐形成。

如果对该时期管理思想的变化进行简单梳理的话，第一次工业革命和第二次工业革命早期，更多的管理者和研究者认为，生产效率主要取决于作业方法、工作条件和工资制度。因此，企业只要采取恰当的工资制度，改善工作条件，制定科学的作业方法，就可以提高工人的劳动生产率。但从20世纪开始，这些观点逐渐改变，管理者和研究者们开始认为，员工的心理因素、人际关系等也在工作中起到重要的作用。他们发现，影响人的劳动效率和劳动积极性的因素除了物质利益之外，还有社会的、心理的因素。良好的公司氛围、得到尊重、获得友谊和保证安全等都可以提高员工的工作效率。在激励方面，金钱与物质的激励也不是提高员工工作效率唯一的，甚至都不一定是最为重要的因素。因此，想要进一步提高劳动效率，不仅要对员工进行物质激励，同时也要考虑员工的心理需求和精神需求。

在这种对"人"的行为认知不断深化的过程中，我们迎来了第三次工业革命。它以原子能、电子计算机、空间技术和生物工程的发明和应用为主要标志，涉及信息技术、新能源技术、新材料技术、生物技术、空间技术和海洋技术等诸多领域革命。跟以往两次工业革命不同，第三次工业革命之后，科学的重要性被提高到了前所未有的高度。尤其是与第一次工业革命和第二次工业革命时期被动接受管理的时代不同，从第三次工业革命开始，员工的主动性和创造性在企业的发展和竞争力提高方面起到了至关重要的作用。

第三次工业革命时期，老牌资本主义国家高等教育已经普及，也为生产方式的转变和社会环境的变化提供了条件。从高等教育的推进历程来看，早期的大学主要讲授神学、哲学、社会学方面的知识，较少涉及自然科学，而且所提供的是为少数人服务的精英教育。当时的大学更像是"象牙塔"式社会组织，功能单一，因此对社会带来的贡献非常有限，尚未形成社会发展的重要动力。但随着工业文明的发展,第二次工业革命之后,大学和社会之间的关系开始密切,大学作为专门生产知识的机构,对科学的进步和技术的发展起到越来越重要的作用,传统的"象牙塔"的大学体制逐步被打破,大学从社会的边缘逐渐走向社会的中心,高等教育也不再是精英教育,而逐渐成为一般家庭也都能负担得起的教育。尤其是第二次世界大战之后,在教育民主化浪潮的影响下,多个老牌资本主义国家高等教育的规模和入学人数呈现爆炸式增长,迎来了高等教育发展的黄金期。

在多种因素的影响下,以经验为主的劳动力在经济发展中的重要性逐渐下降,那些受过高等教育、具备专业能力的劳动力的重要性进一步提高。而且,在较难量化员工工作内容的情况下,建立共同体意识形态的重要性不断提高。因为,在工种多样化、工作内容难以量化的趋势之下,只有建立共同的意识形态和共同的价值认同体系才能提高员工的主观能动性,提高企业的凝聚力和抗风险能力。这也是多数企业的管理从"行为管理"逐渐转变为"人力资本管理"的大背景。

随着企业竞争力特性的变化,更多企业把员工当作"人力资本",并通过主动提高员工的薪酬福利待遇、改善工作环境、给予股权激励等方式,把企业、股东和员工的利益绑在一起。在管理方式上,更多企业开始重视管理者的魅力、员工之间的人际关系、公司内的气氛等因素,从而提高员工的士气,促进员工之间、部门之间的协同和合作。在这种趋势之下,日本的崛起和超越给美国带来了前所未有的冲击。在日本的崛起和超越中,更多的美国人看到了员工的主动性、目标一致性和凝聚力对企业竞争力的强大影响。

可以看到,企业文化更应该是廉价资本、规模经济、政商关系、设备投资等作为企业主要竞争力的时代,即粗放式发展方式转变为以人力资本为主要竞争力趋势下的产物。日本的崛起和超越只是美国研究企业文化的诱因,即使没有日本的因素,随着第三次工业革命的推进,更多的企业也会逐渐认识到建立共同的价值体系、提高员工的主动性和企业的凝聚力对企业发展的重要性,如同随着第二次工业革命的推进,更多的研究者和管理者开始重视员工的心理因素、精神因素、人际关系因素对企业发展的作用,并逐渐对这些因素重视一样。

第二节 正式制度、非正式制度与企业文化

我们已经讲述了企业文化的发展背景和产生条件，那么随之而来的问题是什么是企业文化呢？又该如何判断一家企业是否已建立了企业文化呢？

不少人对企业文化给出了定义，如《企业文化——企业生活中的礼仪与仪式》一书的作者特伦斯·E.迪尔和艾伦·肯尼迪认为，企业文化是企业员工上下一致共同遵循的价值体系，一种员工都清楚的行为准则；《企业文化与经营业绩》一书的作者约翰·P.科特和詹姆斯·L.赫斯克特认为，企业文化是企业员工，至少是企业高层管理者共同拥有的价值观和行为方式；刘光明在《企业文化》中讲道，企业文化是一种在从事经济活动的组织之中形成的组织文化，它所包含的价值观念、行为准则等意识形态和物质形态均为该组织成员所共同认可。根据以上人员给出的定义，大致可看出，企业文化除了有制度层面的因素之外，还有精神层面和价值取向方面的因素。从实务的角度来看，笔者认为余世维先生对企业文化的描述较为贴切。他认为，企业文化是企业的价值观，是员工共同的价值观，而这种价值观会反映在员工的行为上。

其实，对于企业文化来说，如果了解了制度经济学、文化与制度的关系，尤其是了解了文化与非正式制度的关系，那么更容易理解什么是企业文化，什么样的企业算是建立了企业文化。

制度可以分为正式制度和非正式制度。正式制度是指，以明确的形式被确定下来，并且由行为人所在的组织进行监督和用强制力保证实施的规则。非正式制度是指，人们在长期交往中自发形成并被接受的行为规范，主要包括价值道德规范、习惯、习俗、惯例等。

了解文化、正式制度、非正式制度的概念之后，我们就可以很好地分辨它们之间的联系与区别。从区别来看，文化和正式制度的区别在于，正式制度一般只能对可定性和可定量的领域产生作用，局限在特定的范围；而文化则不同，文化围绕一种共同认知和价值观而产生。在一种文化中，社会上不仅会产生各式各样

的正式制度，也会产生各式各样的非正式制度（习惯、习俗、惯例）和符合共同价值观的员工主动行为和适应性行为，而且这种非正式制度和员工的行为是通过组织成员的主动性和道德约束来运行，而不是靠正式的奖罚机制来运行，如对于符合共同价值体系的行为给予认可、鼓励、表扬，对于不符合共同价值体系的行为进行谴责、挖苦、嘲笑、排斥等。

在图7-1中，实线大圈表示的是某一种文化。在一种文化中，社会上会产生正式制度、非正式制度，以及在共同意识形态、共同价值观下形成的个体行为。从占比来看，文化的表现形式中，正式制度的占比最小，其次为非正式制度，占比最大的是个体行为。由此可以判断，企业仅靠正式制度来运行，那么可管辖的范围就非常有限，只能在关键部分起到作用，而好的文化可以把一件事情变得越来越好，会打破只靠制度运行的瓶颈，会在组织运行上赋能，提高企业的凝聚力和团结力。

图7-1 文化的表现形式[1]

注：正式制度、非正式制度、个体行为之间的虚线表示它们在一定条件下可以相互转换。

其实，《企业文化——企业生活中的礼仪与仪式》一书虽然没有讲述非正式制度的产生原因，但却对企业文化进行了较好的说明，例如，该书提到了"强文化是非正式规则体系"[2]，它明确指出"人们在大部分时间里应该如何行为""强文

---

[1] 该图展示了某一主文化下产生的正式制度、非正式制度，以及个体行为的关系。一般情况下，一个组织中除了主文化以外往往也存在多个亚文化，主文化和亚文化之间可能是相辅相成的关系，也可能是相互排斥的关系。该部分本书不做进一步探讨。

[2] 从词义的区别来看，非正式规则体系更强调意识形态层面的内容，更倾向于思维方式，而非制式制度更强调的物质层面的内容。从这个角度来看，企业文化会产生非正式规则体系，而非正式规则体系会促使非正式制度的形成。

化使人们对自己的工作感觉良好，因而更愿意加倍努力"等。

那么，接下来的问题是文化为什么会产生种种非正式制度呢？其原因在于，相同文化背景下的人持有相同的价值观，而这种价值观会使人们产生相似的行为，其中的一些行为会得到更多人的认同，并在人的模仿和重复的过程中逐渐成为习俗、惯例等非正式制度。以养宠物为例，随着社会文明的进步，更多的人开始把宠物当成家人。在这种氛围下，一些人不仅不再给宠物绝育，甚至还组织起来反对其他宠物主人给宠物绝育的行为；一些人鼓励通过领养方式获得宠物，反对通过买卖方式获得宠物；一些人不再束缚宠物的行动，家中专门设宠物的门，让宠物随意进出；一些人跟宠物一起进餐；等等。而这些行为中的一部分如果得到普遍的认可，那么很可能成为非正式制度。值得注意的是，这些非正式制度不仅仅是依靠多数人的自我约束来实现，还会通过他人的道德谴责及非正式组织（如动物爱好群体）的监督等方式得到保障。当然，如果把这种习惯和惯例在制度层面上规定下来，那么这种非正式制度就成了正式制度，如一些国家用法律手段禁止宠物买卖行为等。

从笔者调研过的诸多企业案例来看，不少企业家或多或少相信，只要不断强调和宣传，那么他们坚持的抽象的价值，如节俭、创新、敬业、团队合作等，就会成为企业的文化。当然，为了形成企业文化，这些企业也会建立相应的奖罚机制来鼓励和约束员工的行为。例如，为了强调节俭，制定出员工节俭制度；为了强调创新，设计各类创新奖，发放创新手册等。

无疑，在企业文化形成的路上，价值观的宣传和相关制度的建立是必不可少的因素。但从笔者的观点来看，如果只有制度和宣传，没有形成多数员工的主动行为，没有形成诸多非正式制度，就不能认为形成了企业文化。

从文化特性来看，一个企业只有针对某种抽象的价值观，可以不断自发形成非正式制度，才能算真正形成了企业文化。在共同的价值观下，多数人会注意这种价值观下的行为，会围绕这种价值观主动采取一些行为，更是能在这种价值观中感受到舒心感、归属感、认可感、骄傲感，甚至是荣誉感和使命感。如果达到这种程度，那么就说明这家企业已形成了强有力的企业文化。

以节俭为例，如果一家企业未形成节俭文化，只靠制度来约束，那么更多的员工只会注意制度规定的部分，对于超出制度规定的部分，员工不会主动采取行动。但如果企业形成了节俭文化，那么企业中的多数人就会围绕"节俭"采取多种主动性的行为。比如，员工加班的时候只开加班区域的灯，而不是打开全办公室的灯，甚至有可能只开自己的台灯；员工会节俭使用洗手间的厕纸和水；有些员工打印之前尽量多检查，以减少纸张的浪费；在生产车间里，更多的员工会注意节约原材料，甚至以提高边角料的利用率来降低生产成本；等等。这些行为中相对必要和重要的部分可能多数人会遵守，并慢慢固定下来成为非正式制度，但大部分可能停留在员工自发性行为的层面。

不难发现，这些行为中的很大一部分只能通过员工的主动行为和彼此的监督等来实现，很难通过建立规章制度来规范，如办公室节约能源问题、纸张浪费问题、边角料使用效率问题等都不好通过规章制度来规范。如果企业想通过规章制度来规范这些细小的行为，那么随之而来的就是企业管理成本的大幅提升，因为设计此类多如牛毛的制度要花费大量时间，还要安排相应的人员来督促执行，而且还得配套相应的奖罚机制。在管理人员和员工工作时间有限、处理事务的时间有限的情况下，在太过细节、对企业发展并不能起到重要作用的领域花费太多时间和精力，反而可能带来的是节省下来的成本低于推行制度而产生的成本，导致企业的运行效率降低，甚至是企业竞争力下降。因此，如果企业提倡员工节俭，那么在制度层面上只能从浪费最大、对企业影响最大的部分入手，而诸多细节部分只能通过建立企业文化和提高员工的主动性来解决。

第三节　企业文化的建立与适用范围思考

从管理思想的历史变迁来看，企业文化是生产力和生产关系的变化，即员工的工作越来越难以量化，人的主观能动性越来越重要这一趋势的产物。在这种环境中，企业文化可以让更多的人建立相同的价值体系，形成共同的目标，进而提高企业的凝聚力,提高企业的运行效率和抗风险能力。

那么,在当前环境中,是不是每个企业都适合建立企业文化呢?如果需要建立企业文化又该如何去做呢?

关于是否每个企业都适合建立企业文化这个问题,上文已经给出了一定的答案,那就是,并非对所有企业来说,企业文化的建立都会成为它们的核心竞争力,而且并非所有企业都有条件建立企业文化。

作为发展中国家,中国的所有产业和企业都有自身的特色。中国在改革开放之后由于快速引进了国外先进的工业文明,又较好地赶上了信息文明,经济水平以惊人的速度实现了增长。但是,在这种追赶模式下,中国的发展也存在工业基础不够扎实,粗放式生产方式和集约型生产方式共存的问题。这是中国与老牌资本主义国家不同的地方。老牌资本主义国家在发展过程中,经过漫长的迭代,在推进信息文明的时候,已经建立了扎实的工业文明,实现了先进的工业化。这些国家在漫长的发展过程中,通过长时间的斗争和博弈,不仅减少了贫富差距,更是较好地推进了社会保障制度建设,因此这些国家的国民普遍对生活品质的要求较高。此外,发达国家因为法制健全、国民普遍受到良好教育,所以有较强的能力维护自身的权利。在这种环境中,行为管理理论及企业文化的建设,就有了更为普遍的适应环境。

但是,中国的情况有所不同。由于中国工业文明缺少整体的、循序渐进的发展过程,存在发展不平衡、不协调问题。一方面有大量的以高技术、高创新为主的人力资本型企业,另一方面也存在大量的以简单重复劳动力为主的劳动密集型企业。而且中国的劳动密集型企业还普遍存在生产方式落后(如尚处在机械化和半机械化阶段)、工作环境差(如安全保障低、粉尘污染、噪声污染等)等方面的问题。

因此,如果一家企业目前的竞争优势主要在于简单重复性劳动,以及少数人员的客户渠道和政商关系,再加上其他原因,短期内较难向人力资本型转型,同时也不具备改善劳动环境、提高劳动福利待遇的条件,那么对于这类企业来说,企业文化的建立并不是最为重要的事情。从实际情况来看,这类企业建立企业文化、形成共同的价值观也存在较大的难度。从提高企业竞争力的角度来看,相比建立企业文化,这类企业推行泰勒"科学管理",如在分工、量化、排序、合理组合等方面寻求突破，反而有利于企业竞争力的提高。如果这类企业一心想要建立企业文化，那么很多努力也可能停留在口号阶段，甚至还有可能带来适得其反的效果。比如，一家企业的多数员工都能明显感觉到这家企业的薪酬福利、工作环境不如周边企业，而企业家还一心希望员工对企业忠诚，希望员工对企业的价值观高度认同，这样做可能带来的是员工的逆反心理，以及对企业的不满、反感及更多的不合作。

接下来的问题是，对于那些已具备条件的企业来说，又该如何建立企业文化呢？笔者认为，企业文化的建立先是公司治理（股东和董事会之间的关系处理）层面的问题，其次才是企业管理层面的问题。

很多人会从企业管理的角度研究企业文化，认为企业文化是管理层面的问题，但是对企业文化起到更重要作用的是企业的治理情况。其原因在于，企业治理是企业管理的上层架构，企业的治理方式和治理特性直接影响，甚至可以决定企业的管理方式和管理特性。比如，一家企业的核心股东和董事会都没有形成共同的价值体系，还希望管理层和员工对企业抽象的价值观表现出主动性，那的确是无稽之谈。

如果企业追求的是长期发展，那么先要解决的就是治理层面上的目标一致性问题，如引进相同价值取向的股东，通过充分沟通形成大家都认可的目标，通过协商让那些带有不同价值取向的股东退出，通过修改公司章程或设立持股平台放大核心股东的表决权等。简单来说，想要建立企业文化，先要从核心股东层面上成为信念共同体或事业共同体。

从这个角度来看，核心股东容易变化的企业，其企业文化的建立也不是首要的任务。例如，对于多数还处在苦于生存的企业来说，它们还不具备建立企业文化的条件，因为这个阶段的企业的主要目的是立足和赚钱，而且这个阶段的企业，股东稳定性差，一般不会有长期的战略目标，即使有往往也不具备实施的条件。

虽然不少管理界人士认为，任何企业都可以建立企业文化，并认为，一个企业从设立之初就应该建立企业文化，但以笔者的经验来看，这些是不切实际的观点。一般情况下，企业发展壮大到一定程度，有稳定的收入和一定的冗余资金之后，企业的核心股东才有心思静下心来思考企业发展方向和长期价值取向。也只有到了这个时候，企业才具备较好的条件引进那些跟企业有相同的价值体系的股东和管理人员。

公司治理层面的问题解决之后，企业文化的建立就进入了管理层面。从管理层面来看，利益共同体的形成是顺利推行企业文化的基础条件。

建立企业文化的目的无外乎是把大家团结起来，让大家把劲儿用在相同的目标上，并通过员工的主动性来完成目标及超越现状，而不是通过制度约束来督促目标的实现。想要实现这种效果至少要达到利益共同体的底线。

从人的需求特性角度来看，需求从低到高大致可分为：生理上的需求，安全上的需求，感情和归属上的需求，地位和受人尊重的需求，自我实现的需求。因此，对于那些已具备较好的薪酬待遇，建立了得体的工作环境的企业来说，能为员工提供归属感和认同感，即满足其感情和归属上的需求是使其成为利益共同体的关键。不难想象，想要满足员工感情和归属上的需求，就要具备让员工倾诉的渠道，即表达自己意愿和想法的渠道，以及构建平等沟通和受人尊重的环境等。

值得注意的是，企业文化是分层次的，如表7-1所示。想要建立强有力的企业文化，那么必须以利益共同体为基础，让更多的人感受到归属感和认同感、自豪感和荣誉感乃至使命感和成就感等。其中，由使命感和成就感来驱动的企业文化相比自豪感和荣誉感来驱动的企业文化会表现出更强的主动性和凝聚力，自豪感和荣誉感来驱动的企业文化相比归属感和认同感来驱动的企业文化会表现出更强的主动性和凝聚力。其原因在于，归属感和认同感更偏向于满足感情和归属上的需求，自豪感和骄傲感更偏向于满足地位和受人尊重的需求，使命感和成就感更偏向于满足自我实现的需求，即归属感和认同感，自豪感和荣誉感，使命感和成就感依次满足的是从低层级的精神需求到高层级的精神需求。

表7-1 企业文化的层次

企业文化层次	对应的精神需求	主动性强度
使命感和成就感驱动	满足的是自我实现的需求	很强
自豪感和荣誉感驱动	满足的是地位和受人尊重的需求	较强
归属感和认同感驱动	满足的是感情和归属上的需求	较弱

如果一个员工对企业有归属感和认同感,那么该员工对企业的各项制度和共同价值观就会表现出更多的认可。这虽然有益于制度的贯彻和共同价值观的建立,但是很难让员工产生较强的主动性。然而,以自豪感和骄傲感来驱动的企业则有所不同。因为企业员工在做某件事情的时候维护的是自身的尊严,因此不仅会表现出较强的主动性,更是会表现出一定程度的自我激励。当然,想要调动更多员工的自豪感和骄傲感,那么这些企业一般要具备体面的薪酬和福利待遇、一定的行业地位,以及能充分发挥员工能动性的岗位等条件。

无疑,最能调动员工主动性的企业文化是能调动员工使命感和成就感的企业所具备的文化。当人们由使命感和成就感来驱动的时候,他们甚至都不需要很强的外部激励,源源不断的自我激励就足以使他们奋不顾身。其实,很多创业者、企业家、企业高管都是如此。他们从事某项工作或投身某项事业的时候,其动力来源往往不是物质激励,而是源源不断的自我激励。因为存在这种激励,他们在遇到挫折或所做的事情不达预期的时候,依然有动力持续不断地前进。

一般情况下,能驱动员工产生使命感和成就感的企业,往往是人力资本型企业和以创新为主的企业,因为只有这类企业才有可能为更多的员工提供实现自我价值和自身梦想的平台。一个人也只有为实现自我价值和自我梦想而去奋斗的时候才可能表现出源源不断的主动性。在这方面,谷歌、苹果、华为、阿里、腾讯均表现出此类特性。记得乔布斯曾说过,"优秀的人不需要管理,他们需要的是一个共同的愿景,而我们需要找的就是这类人"。谷歌对员工的管理也是如此,它给员工提供的是创业平台,而不是一份有薪酬的工作。

第八章　公司治理与董事会

公司治理是研究公司权力安排的一门学科。广义上的公司治理包括股东、董事会、监事会、经理层及其他利益相关者之间的利害关系处理。狭义上的公司治理主要包括股东和董事会之间的关系处理。本书提到的公司治理主要指狭义上的公司治理，即股东和董事会之间的关系处理。

目前情况下，中国民营企业普遍存在对公司治理的认识不足，公司治理滞后，股东、董事长、董事会、监事会、高管层之间的权利义务分配不够明确，职责分工不够清晰，制衡关系存在失衡等问题。

建立良好的公司治理制度是公司发展壮大的重要基础。良好的公司治理结构可以平衡多方利益，不仅可以减少各方面的利益冲突，更是有利于形成股东和人才流动及发挥集体智慧的环境，让企业更好地保持与时俱进的状态。

第一节　企业的发展为什么需要董事会

从现代公司的治理特性来看，虽然不同国家的公司治理存在一定的区别，但都表现出相似的特性，那就是董事会分割了企业的所有权和经营权，并在其中起到重要的作用。虽然不同国家的董事会（包括监督董事会）成员构成有所不同，例如，美国、英国、中国等国家的董事会主要成员是股东和外部专业人士（独立董事），德国、日本等国家的董事会除了有股东代表之外，还有一定比例的其他利益相关者代表，如员工代表、债权人代表等，但相同的是，董事会是公司最重要的决策和管理机构，衔接着股东和经理层之间的关系。

从这些国家董事会的运行状况来看，一般情况下，董事会可以制定公司战略规划和生产经营计划，可以决定公司关键机构调整和重大人事任免，可以制定分红方案等。可看出，董事会在公司战略制定、财务方案制定、人事任免当中都起到重要的作用。

那么，有趣的问题是，企业的发展为什么需要董事会呢？企业的经营发展就不能通过股东和经理人直接沟通来解决吗？

其实，企业需要董事会的原因非常简单。那就是，企业的发展壮大需要融资，尤其是股权融资（包括股权激励）。对此，我们举一个简单的例子来进行说明。

对于公司规模较小、股东人数较少的企业来说，董事会并不一定是必要的机构。股东人数较少的时候，关于企业的经营发展问题，可以直接通过股东协商来解决。而且小企业的股东常常也是管理层，采取的多半是亲情化的管理方式。在这种环境中，企业不需要繁杂的规章制度，也没有专门设立一个董事会来进行监督和管理的需求。

企业在发展早期，相比董事会的设立，更为重要的是所有权（股东层）和经营权（经理层）之间的界限划清。这是因为，企业在发展中，必然存在出力较多的股东和出力较少的股东，如有些股东对企业发展贡献大，有些股东对企业发展贡献小，还有一些股东不参与企业经营管理等。这种情况下，企业所有权和经营权界限清晰，会大幅缓解股东之间的矛盾。因为，清晰企业所有权和经营权界限之后，出力的股东不仅可以享受作为股东的收益（包括股权增值和分红等），还能享受经营管理贡献相应的收益（对应的薪酬和奖金等），而那些只出资不出力的股东只享受作为股东的收益。

然而，随着企业的发展壮大，股东人数的增多，成立董事会的必要性会逐渐显现。其原因在于，随着股东人数的增多，对于企业重大问题的决策很难做到每个股东都参与。股东人数较多的时候，如果每件事情都要通过协商或投票解决，那么公司治理成本会大大提高，甚至都无法正常开展业务。这时候需要的是可以代表不同股东利益的人员，即董事。股东可以通过推荐、投票、选举等方式选择董事，让这些代表来维护自己的利益。此时，企业需要的是所有权和控制权的分离。当然，所有权和控制权的分离并不意味着股东要把所有的权力都让出来。一般情况下，股东让出战略制定、财务方案制定、人事任免等权力给董事会，而部分重要的权力，如选举董事、变更公司章程、合并和分立公司，以及各项董事会方案的最终决定权还是会留在股东的手中。

其实，董事会的发展跟代议制民主的形成有颇多类似之处。

代议制民主是由公民定期选举少数代表来参与国家治理的一种方式，因此也被称为"间接民主"。与"间接民主"对应的是"直接民主"。直接民主可以简单理解为，所有公民直接参与国家治理活动。在这方面，如果读者喜欢看欧洲历史剧会更容易理解。比如古希腊雅典的公民可直接参与国家治理。雅典关于国家大事的决定，先是通过持有不同理念的人，经过激烈的辩论之后，所有公民通过举手和高声呼喊来表决，最终通过的是举手数最多或呼声最高的方案。

企业较小的时候，其治理方式可以是直接民主的形式。企业的每个股东参与讨论之后，可以按照一定的规则（如持股比例或者人数等），实行投票来决策企业战略规划到经营方面的诸多问题。但随着企业规模变大、股东人数增多，直接民主的方式就暴露出诸多问题，如意见难以统一、效率低下等。企业跟国家不同，在激烈的市场环境下想要生存下来，需要的就是快速的响应机制。这时候代议制民主更有利于公司治理。按照代议制民主的特性，股东可以选举自己的代表（董事）来参与公司治理。董事作为股东代表，必须要向股东负责，同时接受股东的监督，其权力也要定期更迭，即要定期重新选举董事。当然，随着利益相关者理论的普及，不少国家为了更好地确保其他利益相关者的利益和避免内部人控制问题，也逐渐形成了独立董事、债权人代表、员工代表等非股东代表的董事共同参与公司治理。

代议制民主是经济文明和政治文明发展下的产物。现在大多数国家的政治制度，无论是西方的议会制度还是中国的人民代表大会制度，都是该国公民通过选举产生代表，并由这些代表来参与国家治理的代议制制度。从其进步性来看，代议制民主的产生，不仅提高了系统运行效率，提高了决策的科学性，更是推动了人治到法治的进程。我们可以看到，那些民主到位、法治发达的国家，往往是经济发达的国家。相反，那些民主落后、法治落后的国家，经济也比较落后。

企业的发展也是如此。董事会的形成可以看作是直接民主走向代议制民主的过程，而董事会功能的有效发挥则是从人治走向法治的过程。随着企业的发展壮大、企业股东人数的增多、董事会制度和公司治理的完善，董事会会成为企业良好发展的核心动力。因为，那些公司治理完善，所有权、控制权、经营权界限清晰的企业，不仅可以大幅降低内耗，也更容易形成有钱的出钱、有力的出力的环境。自然，这种企业也更容易发展壮大，更容易适应不断变化的时代。

第二节　董事长与董事会的关系

董事会是现代公司治理结构的核心。对于规模达到一定程度的企业来说，董事会的构成方式和运作方式直接影响着企业的根基和发展。运作良好的董事会，不仅会大幅缓解利益相关者之间的矛盾，更是有利于股东的流动和融资渠道的拓宽。

那么，如何更好地发挥董事会的价值呢？对于中国的民营企业来说，处理好董事长和董事会之间的关系，是建立良好的公司治理环境的关键。

在探讨董事长和董事会关系之前，笔者先讲一个亲身经历的故事。

笔者在早些年调研一家广州企业的时候，聊起了老板和股东之间的关系。该企业的负责人聊得比较投入，关于股东关系他说道，"维护股东关系是挺累的事情，时不时要了解一下他们的想法。这也没办法，老板不就是给股东打工的人吗？"这句话给了笔者很好的启发。在后续调研企业的时候，笔者很少直接问企业实控人与股东之间的关系，而是会先说"老板不就是给股东打工的吗"之类的话语，并观察实控人的反应。因为，通过这句话，大家多多少少能看出企业的实控人对控制权的理解，也大致能判断出该企业董事会的规范程度和小股东维权的难易程度。

面对"老板就是给股东打工"的观点，多数企业的实控人往往会表现得很诧异，中部地区、东北地区不少企业的负责人更是会表现出反感情绪。如果笔者还原他们的想法，大概就是"老板就是老板，是负责企业发展壮大的人，怎么可能是给股东打工的人？"

面对"老板就是给股东打工"的观点，相比中部和北部地区的企业家，广东、福建、浙江、深圳等沿海地区的企业家多半更容易接受这种观点。比如，这些地区的企业家听到此类话之后，常常是哈哈大笑，然后开始倒出各种老板不容易、老板有多难的苦水。从这些现象中也能看出，为什么沿海地区企业股权融资活跃，而中部和北部地区企业股权融资不够活跃。因为，沿海地区的大股东会更关注中小股东的利益，而这也有益于大股东和中小股东的沟通，有益于中小股东利益的保障。

其实，中国的民营企业想要发展壮大，建立"老板就是给股东打工"的心态是非常必要的一环。从其他国家的案例来看也是如此。多数发达国家的公司治理机制中董事会才是公司治理的核心，而不是董事长。这一点中国也是一样。从公司法来看，董事长的首要工作是股东大会和董事会的组织工作、董事会内部人员的利益协调等方面的工作，而不是制定战略规划和参与经营等方面的工作。

当然，对于尚处在初创阶段和发展早期的企业来说，董事长制定战略规划、参与企业经营十分正常。因为企业在发展早期，创始人往往是企业的灵魂人物，能起到至关重要的作用。但是，随着企业的发展壮大、股东人数的增多，实控人就应该建立集体决策的环境。只有创业者的领袖魅力让位于独立且有效的董事会的集体智慧的时候，才能真正吸引为企业利益着想的股东，更能源源不断地培养出敢于担当责任、敢于创新的人才。只有这种企业才有望成为可持续发展、基业长青的企业。如果企业家不懂得随着企业的发展壮大而放权，未能建立较好的公司治理环境，那么这无疑是在企业的后续发展中埋下了"隐形炸弹"，不仅不利于企业的发展壮大，而且这颗"炸弹"还有可能在企业发展不顺利的时候爆炸开来。

笔者在投资生涯中经历过不少原本发展良好的企业，因公司治理问题股东不欢而散、反目成仇，甚至破产倒闭的案例。由于董事长不仅是控股股东，更是企业创始人，董事会中董事长常常一言堂，其他董事很难表达不同的意见。控股股东一言堂的情况，留下的只能是其他股东和管理层的不满。这类企业在企业经营良好的时候风平浪静，但企业经营出现问题的时候，企业内部矛盾有可能会迅速放大。其原因很简单，非控股股东没有发言权，自身利益无法得到保护，因此很容易产生掏空企业资产的想法，比如，当时机成熟或条件具备时，带走大量的核心客户、核心技术人员、核心管理人员等。其后果，小则让原有企业元气大伤，大则导致原有企业破产倒闭。

如果深入了解这些企业就能明白，非控股股东的这类行为也有一定的合理性。如果大股东一手操控企业上下所有事务，难免会出现更多考虑自身利益的情况，比如通过关联交易、人事安排、财务控制等方式为自己谋利，用企业的资产来为自身的债务担保等。这种行为或许从控股股东的角度来看并不严重，但是对于非控股股东和其他利益相关者来说，这种行为实实在在地损害了他们的利益，同时也损害了企业的利益。自然，在这种情况下，非控股股东和其他利益相关者很难把自己当成企业的一分子，而是更容易形成零和博弈的心态。相反，一家企业若较好地建立了民主协商制度、良好的氛围、规范有效的公司治理环境，那么当企业出现问题时，更多的人会从企业的角度出发来考虑问题。一个人只有在公司业务中有充分的参与权，存在维护自身的权利渠道的时候，才会把自己当作公司的一分子，为公司的发展出力。

更为重要的是，时代的变化也要求企业家建立以董事会为中心的治理结构。随着中国从粗放式发展方式转型为集约式发展方式，那些粗放式发展时期的增长逻辑，即在稀缺经济时代，看好某个领域下注投资就有可能大幅获利已逐渐远去。随着市场经济的完善、产业结构的复杂化、法治化的推进，影响企业发展的因素越来越复杂，也更加需要集体智慧来为重大事项决策。而且在这种趋势下，公司治理、企业文化、人力资源管理等因素的重要性不断提高，企业只有搭建良好的治理环境，形成自身的企业文化和良好的人才引进机制才有可能制造出与时俱进且有竞争力的产品。

从目前的情况来看，中国不少民营企业的大股东是企业控股股东的同时，还控制着大多数的董事会席位。这十分不利于企业的健康发展。股东大会大股东说了算是合情合理，但董事会还是大股东说了算，则必然会激起其他股东的不满。那些无表决权、无参与感，也缺少维权渠道的中小股东，只能知难而退。而且，一旦大股东控制了股东大会和董事会，企业的人才流动机制就会僵化，不仅不利于引进有能力的管理人员，更是不利于引进想跟企业一起发展壮大并愿意出一份力的股东。

从公司治理角度来看，企业从董事长决策走向董事会决策也就是人治走向法治的过程。人治的特性是管理者的高层是组织的关键决策者，而按制度办理、集体决策和相互协调是法治的特征。人治走向法治是人类社会文明发展的必然趋势。因为，人治很难建立公平竞争的环境，很难持续性地选出有用的人才，也较难不断地淘汰不适合的人员，而法治则恰恰可以解决这些问题。

这一点放到封建社会就很好理解。中国在数千年的封建制度中，开国之君往往是明君，但是很难保证其后代都是明君。一个王朝很难持续繁荣发展、良性更替，究其原因还是在于未能脱离人治的环境。而进入现代文明之后，随着法治环境的建立和推进，每个国家不仅社会更加稳定，生产力也得到了快速提高。

企业也是如此。随着企业不断发展和创始人的出局，企业终将变成继承人、机构投资者、企业高管共同治理的组织。除非大股东的继承人恰好在企业发展壮大中起到了重要的作用，否则继承人很难建立创始人的威严。英国、美国等发达资本主义国家的公司治理就是一面镜子。这些国家的企业经过数百年的发展，不少已没有了大股东，即使那些有上百年历史的家族企业，也很少有控股股东，而且不少家族企业同样成了董事会、企业高管、投资者等共同治理的组织。当然，不少家族企业，除规范了公司治理之外，还留下了信念荣誉及沉甸甸的责任感。

一家企业，随着创始人的出局、股权的分散，如果能留下良好的企业文化和一系列完善的制度，那么它就能不断吸引人才、健康发展。这一点如同中国社会科学院研究员、公司治理专家仲继银在《董事会与公司治理（第三版）》中所述："现代公司型企业健全公司治理机制，就是要从董事会开始构筑基业长青的组织资源，积累组织资本。……董事会就是股东们付费聘请作为一个集体打理公司业务的最重要的公司治理机制。建设一个专业型的董事会，不要使董事会与股东会权力同构，在董事会层面形成稳定与合作的局面，才能最终走向股东可以换，员工可以换，客户可以换，但是公司依旧存在并且能够持续发展和兴盛的状态。那些百年老店式的现代公司,积累下来的主要就是一种以董事会制度为核心的组织资本。"

总体来看,股权集中、股东管理开始发展为股权分散、职业经理人管理是大多数想要发展壮大的企业必须要经历的历程。董事会的职责是把握住企业发展大方向,并选择适合的人才来经营公司,而董事长的首要职责则是建立独立、高效运作的董事会。只有这样,企业才能不断吸引人才,董事长也才有可能从日常事务中抽身出来,用更多时间和精力去寻找那些跟企业有相同的价值观,并愿意为企业出一份力的股东。从这一点来看,形成集体决策环境,完善公司治理,看起来是约束了大股东、限制了大股东的权力,其实建立的是有效的激励机制,让更多的企业员工为相同的目标去努力,而不是控股股东一个人为企业的发展而努力。

第三节 企业的控制权值多少钱

十分有趣的现象是,企业进行融资的时候,让出控制权情况下的估值和不让出控制权情况下的估值有明显不同。比如,中国不少企业在让出控制权情况下,其估值溢价可能有30%,甚至是50%。

举一个简单的例子。假如某家企业在股权融资的时候估值是6亿元,但是如果投资者想要持股33%以上,那么企业的实控人可能会把企业的估值提高到8亿元,如果投资者想要控股51%以上,那么企业的实控人预计10亿元以上的估值才会让出控制权。

那么,为什么同样是每股对应的估值,企业让出控制权的估值要远高于不让出控制权的估值呢?这种差距来自哪里呢?

从中国目前的情况来看,笔者认为,企业的控制权溢价主要包括以下三个方面:一是改变公司战略决策和公司治理结构的一种选择权(这个选择权中包括控制权带来的信息优势);二是企业治理不完善下的控股股东超额收益;三是企业家对企业的情感归属。

首先,相比一般股东,拥有企业控制权的股东有更大的选择权。

一般情况下，企业的中小股东很难影响公司战略决策，也较难影响公司治理。当企业出现经营不善或收益不达预期时，中小股东只能"用脚投票"。而企业的控股股东却不同。他们相比中小股东还多一个选择，那就是除了可以选择"用脚投票"之外，还可以通过改组董事会、改变企业战略、任命高管等方式改善企业经营。从这个角度来看，企业的控制权存在一定的期权性质。我们知道，想拥有期权是要付出相应的成本的，而企业控制权则大多包含了这个选择权。

其次，从中国目前的情况来看，法治环境不够完善及公司治理不够规范也是企业控制权存在溢价的重要原因。

中国的市场经济发展历程毕竟较短，尚未形成像发达国家一样的先进的公司治理环境。在法律制度不够完善、公司治理不够规范的情况下，公司的利益相关者包括中小股东、员工、债权人、供应商等的利益并不能得到很好的保护。在这种环境中，拥有企业控制权的人，就有更好的条件享受多方面不合理的收益。企业的大股东和实控人可以通过各种方式，如关联交易、财务操控、人事安排、转移公司核心业务和核心资产等，为自身获利。

最后，企业家对企业的情感因素也抬高了企业实控人出让控制权的价格。

十分明显的现象是，目前中国不少企业控制权都带有企业家的情感因素。中国推进市场经济的时间较短，因此现在不少企业的实控人其实就是企业的创始人。这些人是在企业从无到有、从小到大的成长过程中，历经几十年的坚持和辛苦的人。如果突然让这些企业家卖出手中持有的股份，他们自然会有很多不舍。不少企业家甚至会茫然，不知道卖出股份之后自己要干什么。对他们来说，企业不仅仅是收入来源，更是精神寄托。也正因为存在这种因素，当市场出现高价买者时，有些企业家也知道估值很高了，但也不愿意出让控制权。

关于控制权溢价问题，也有人会说，控制权可以给人带来一定的精神满足，如下属对其恭维而使其心理获得舒适感或因能够控制下属而带来优越感等。这种回答虽然也有一定道理，但这个因素并不是控制权产生溢价的主要因素。因为，从企业的角度来看，控制权可以给人带来精神满足是以货币资金或资产不出现减值为前提的。如果控制一家企业会让控制人的资产贬值，那么多数人肯定会放弃这种控制权。而且，在资产贬值的情况下，控制权也不会给控制人带来精神上的满足，因为对于日益贬值的资产，下属也不会在意，更多的可能是在背后议论。显然，此时的控制权带来的更多的是焦虑和负担。

其实，控制权溢价问题在其他国家也存在。以美国为例，美国企业的控制权也存在溢价，但是多数企业溢价率并不高。从一些研究人员的实证数据来看，美国上市公司控制权的溢价普遍为原估值的10%~30%，而中国上市公司的控制权溢价普遍为原估值的20%~50%。上市公司已经是比较规范的公司，不仅公司治理结构健全，更是有较为严厉的监管，对中小股东和其他利益相关者的利益保护也更加到位，但中国上市公司控制权溢价依然较高。这多多少少能说明，中国企业的控制权溢价中存在着美国企业控制权溢价中不存在的因素，如上文所说的不规范治理带来的溢价和精神寄托等。

可是，这种现象逐渐会发生改变。一方面，随着法治化的推进和公司治理制度的完善，那些企业治理不完善给企业实控人带来的超额收益会逐渐减少；另一方面，随着时间的推移，以及第二代、第三代实控人的接替，他们对企业的归属感也逐渐会淡化。

中国从2010年开始，尤其是进入2020年之后，法治化的推进速度明显加快。这不仅会影响社会治理的方方面面，也会快速促进公司治理的规范化发展。在这种趋势下，政府会加快出台中小股东保护、员工保护、其他利益相关者保护等方面的政策，更是会加大对这些利益相关者的保护力度。

实际情况也是如此。2021年康美药业独立董事天价处罚案件就是很好的例证。随着康美药业财务造假案件的水落石出，法院判决，康美药业原董事长、总经理及5名直接责任人承担全部连带赔偿责任，13名相关责任人员按过错程度分别承担20%、10%、5%的部分连带赔偿责任。其中就包括康美药业的5名独立董事。这意味着，如果上市公司康美药业不能偿付其所承担的24.59亿元赔偿，则5名独立董事要按照相应比例，最高承担3.6亿元的连带赔偿责任，可谓是"天价"。康美药业财务造假案件是中国证券市场成立以来对独立董事做出的最高处罚。针对此次案件，《人民日报》撰文称，"康美药业集体诉讼案的一审判决，应该说在切实维护投资者合法权益方面具有里程碑意义,值得载入 A 股发展史册"。

法治就是如此。至少从西方国家的法治思想来看,针对故意违法行为的民事赔偿,其赔偿金额往往会高得惊人。只有这样,法律才能真正发挥出威慑力,才能从根源上杜绝参与者的投机行为,尤其能从源头上消除那些善于计算处罚成本和违规成本孰高孰低人的不良念头。

随着法治化的加速推进和公司治理制度的不断完善,中国企业的控制权溢价中,企业治理不完善下的超额收益和企业家对企业的情感归属带来的溢价会逐渐减少,只留下可以改变公司战略决策和公司治理结构的一种选择权带来的价值。

资本市场发达的美国、英国等国家已表现出此类特性。这些国家的资本市场经历了长期的发展,现在很多企业已没有了控股股东,而且不少企业即使有控股股东,其实控人也不一定参与企业经营,更多是把企业委托给董事会来处理。对于不少此类企业,与其说这些人是实控人,不如说他们是投资人更合适,当企业经营出现问题,或者不看好该企业的发展时,他们也十分愿意卖出手中的股票,去购买更有增值价值的资产。这种现象不仅发生在一般企业,在家族企业中也十分常见。美国和英国不少家族企业,通过漫长的发展和迭代,现在的实控人早已不是当年的创业者,创立企业是祖辈的事情。自然,对于这些人来说,对企业的感情比创业者那一代就淡薄了很多。也正是这个原因,美国不少家族企业表现出十分明显的一般公众企业的特性,如家族人员不参与公司治理,不制定公司发展战略,不参与公司的经营等。随着时间的推进,中国不少企业可能也会表现出此类特性。

第四节　同股不同权是否存在合理性

表决权问题是每个股东都十分关心的问题,因为每个股东都希望自己持有的股票拥有更多的表决权。那么,同股不同权是否存在合理性呢?想要了解这些问题,最好是从所有权和表决权的历史沿革开始说起。

一、同股不同权的历史沿革

跟中国人普遍认为的同股同权，即一股一票的思维不同，早期的公司在董事会选举及其他公司事务决策中，实行的是一人一票的规则。比如，在资本主义发展早期，英国的公司深受资产阶级革命的影响，如每一个公民都应该拥有相同的投票权，实行的是一人一票的规则。

然而，这种现象随着工业文明的推进逐渐发生了变化。随着工业文明的发展，资本成了企业快速发展壮大的最重要因素。在这种趋势下，一人一票的规则逐渐失去竞争力，变成了有益于资本的一股一票的规则。

从一股一票和一人一票的特性来看，这两种模式各有优劣。例如，一人一票可以更好地保障中小股东的权利，可以较好地避免大股东以公谋私的情况发生，而且能让每个股东有相同的表决权，有益于发挥集体智慧等。但这种模式也存在弊端，那就是对投资额较多的人明显不公平。在一人一票的规则下，一个股东即使投再多的资金，也跟小股东拥有一样的表决权。这意味着，较多的投资享受的权利有限，但却要承担更多的风险，因此这种模式不利于激发投资人的投资动力。当然，一股一票模式也存在自身优劣。一股一票虽然有利于保障投资金额较多股东的权利，但不利于中小股东行使权利。而且在一股一票的规则下，股东之间很容易形成联合，垄断也容易形成，这一模式有益于少数人快速掌握大量财富，进而拉开社会贫富差距等。

正因为存在诸如此类的现象，股份公司在发展的过程中有过诸多的探讨和尝试。例如，美国金融之父汉密尔顿就通过设计递进式的表决权，尝试了更为折中的办法。

汉密尔顿在1781年的《一个国民银行报告》中提出，"每个股东被赋予的票数应该根据他所持有的股份数的比例而定，即一股到两股是一股一票；两股以下不超过十股的部分，两股一票；十股以上三十股以下的部分，四股一票；三十股以上不超过六十股的部分，六股一票；六十股以上不超过一百股的部分，八股一票；一百股以上的部分，十股一票；但任何个人、公司或政治团体都不能被赋予三十票以上的票数"。

诸如此类的规则在资本主义发展早期也得到过局部的认可和应用。但是，在资本在企业竞争力中起到关键作用的年代，这种方式并没有得到大范围的认可，市场普遍接受的是一股一票的规则。

有趣的是，这种现象进入20世纪之后，尤其是第三次工业革命之后开始发生变化。第三次工业革命之前，多数企业的优势来自更大的规模、更多的投资、更好的设备，因此该时期的资本自然有很强的谈判优势。但第三次工业革命之后，科学技术对企业发展的作用越来越明显，企业制胜的关键越来越倾向于高附加值。在这种环境中，那些有技术、有专利的企业想要融资是相对容易的事情，很多投资者都愿意给它们提供资金。在这种背景下，资本的地位开始下降，更多的资本也开始认可对创始人和企业家有利的一股多票规则，也就是现在多数人所说的超级表决权或差异化表决权（也称 AB 型股权）。在这种表决权下，创始人和企业家（有的公司还包括高管）拥有的每股表决权可以是普通股的多倍，如5倍或10倍。

举一个简单的例子。比如，A 公司需要融资1亿元来研发新产品，但是这家公司规模较小，想要融资1亿元可能要让出30%以上的股份。这时候 A 公司的创始人可以设计差异化表决权，如创始人的每股对应5倍表决权。在这种情况下，进入的资本可以成为大股东，但是主要表决权还是在创始人团队手里，也就是说创始人团队依然控制着公司。

超级表决权逐渐得到认可是科学技术对企业竞争力的影响快速提高后的结果。一方面，随着工业文明的发展和生产力的提高，进入20世纪之后，发达资本主义国家已经积累了相当的资本，资本已不再是稀缺资源。另一方面，随着第三次工业革命的兴起，科学技术对生产力的带动作用越来越明显，在这种趋势下，很多企业不仅要扩张规模，更需要大量的研发投入，而这些投入光靠企业内部的现金流是很难解决的，因此可以快速进行融资的企业，尤其可以快速进行股权融资的企业就更容易获得竞争优势。

在科学技术对企业竞争力的驱动效应越来越明显的趋势下，企业想要发展壮大,想要在激烈的竞争中获得竞争优势,就需要不断地融资、不断地进行股权激励。自然,在这种环境中,创始人的股份会被快速稀释,创始人会快速失去对企业的控制权,而差异化表决权或超级表决权的设计则可以避免这种情况。在这方面,IT行业,尤其是互联网行业是典型的例子。从很多周边案例中可以看出,不少IT型企业从成立日期不到10年或者不到20年之内,创始人就由原来的控股股东变为占股不到10%的股东。在这方面,阿里、京东、华为等公司都是典型的案例。

现在,不少国家,如美国、英国、法国、丹麦、芬兰、挪威、瑞典等都支持一股多票的模式,也允许差异化表决权的公司上市。例如,美国法律没有发行无表决权、优先表决权、条件表决权或多重表决权股票的限制;英国法律对无表决权股票没有限制;法国允许持有股票超过2年的股东可以注册获得2倍的表决权;瑞典差异化表决权公司可以上市,但要求超级表决权不得超过10倍等(表8-1)。

表8-1 部分国家差异化表决权情况

国　家	差异化表决权规则
美国	可以在IPO前设立差异化表决权架构,IPO之后不得发行超过原表决权股票的股份
瑞典	差异化表决权公司可以上市,但要求超级表决权不得超过10倍
芬兰	差异化表决权公司可以上市,允许自由约定表决权比例
法国	持有股票超过2年的股东可以注册获得2倍的表决权
日本	允许差异化表决权,但是应附着"日落条款"等,要设立特别委员会,并在并购重组等重大事项中分组表决
中国	根据《公司法》,有限责任公司可以设置"同股不同权"的股权架构,股份公司只能实行"同股同权",即一股一票[①],科创板在试行差异化表决权制度

---

① 至少从《公司法》来看,目前中国尚不支持股份有限公司有差异化表决权。在笔者看来,这也存在其合理性。中国建立资本市场时间较短,中小股东缺乏保护自身权利的能力,而且法治环境也尚不完善。在这种情况下如果进一步放大大股东的权力,可能会严重损害中小股东和其他利益相关者的利益空间。后续,随着法治环境的进一步完善,资本市场的发展及中小股东维护自身权利能力的提高,中国或许在不远的将来也会出台支持差异化表决权的制度。

随着经济的发展和资本市场的多样化，越来越多的企业表现出对差异化表决权的需求，中国不少企业也为了实现差异化表决权，选择在海外市场或中国香港等市场上市。例如，阿里、京东、百度、当当网、盛大游戏、奇虎360、小米等公司都是典型的例子。

以阿里巴巴和京东为例，阿里巴巴的股权分布非常分散，公司在上市之时创始人马云持股比例仅7%左右，这非常不利于马云等创始人对企业的控制。为此，阿里巴巴专门设计了合伙人制度，即差异化表决权制度。当然，我国目前不允许上市公司设立这种制度，所以阿里巴巴选择在允许AB股权结构的美国上市。

京东的情况也颇为类似。京东在上市前夕便将股票区分为A股与B股，机构投资人的股票指定为A股，每股只有1份表决权，而创始人刘强东的股票指定为B股，每股有20份表决权。通过AB股模式，即通过1:20的表决权制度的设计，刘强东拥有80%以上的表决权[1]。除此之外，百度、当当网、盛大游戏三家采用了10倍不同表决权，奇虎360采用了5倍不同表决权。

虽然，中国的股份公司目前不支持差异化的股权设计，但从实际情况来看，依然有很多公司的创始人或企业家会通过各种方式提高自身的控制权。其中，有限合伙的方式就是最为常见的方式。例如，进行融资或进行股权激励的时候，企业家常常会通过设立有限合伙企业，让融资对象或激励对象成为有限合伙企业的合伙人，创始人或企业家通过作为执行合伙人的方式来保证自己对企业的控制权。

二、差异化表决权对经济效率影响思考

长远看来，一种机制或制度只有有利于经济效率的提高和社会发展的时候，才有可能长期存在下去。不大适合提高经济效率和促进社会进步的制度，或许在

---

[1] 京东集团公司章程规定，如公司创办人（刘强东）不再受雇为行政总裁或因健康及或精神状况永久不能再出席董事会会议，需转换所有多重表决权股份为"一股一票"股份。这种安排，不仅是公司章程上的安排，也是各国证券交易所共同的强制性规范要求，直接剥夺继承人直接继承多重表决权。

短期内可以得到支持，但随着时间的流逝还是会逐渐失去立足之地。在这方面，垄断机制的形成与消亡就是很好的例子。例如，在19世纪后半叶，不少企业为了提高自身的竞争力，形成了卡特尔、辛迪加、托拉斯等垄断组织。虽然这种组织的形成对于少部分企业有利，但是却不利于公平竞争与社会进步。因此，这种机制虽然在短时间内得到过社会的默认，也取得了一定的发展，但最终还是失去了生存空间。而如今几乎所有追求经济效率和竞争公平的国家，都竭力防止垄断行为的产生。

较明显的现象是，差异化表决权是对创始人和企业家有利，对中小股东不利的制度。而且在以董事会为主的公司治理结构下，这种制度多多少少不利于公司治理的完善。比如，创始人或企业家表决权的放大，有可能不利于集体决策和集体智慧的发挥；又比如，在差异化表决权下，更容易出现创始人或企业家为了自身的利益损害中小股东和其他利益相关者利益的情况；等等。

差异化表决权是十分年轻的制度。虽然20世纪开始就有公司尝试这种模式，但得到较大认可却是在20世纪80年代之后。那么，差异化表决权在市场中存在是市场的短期需求呢，还是有长期的生存价值呢？

笔者认为，在利用得当的情况下，部分企业差异化表决权的设计，有利于经济效率的提高和社会的进步。这一点是差异化表决权跟垄断行为不一样的地方。

首先，在科学技术对企业竞争力和经济效率提升作用越来越明显的趋势下，差异化表决权的设计有利于科技型企业的创新与融资。

随着知识经济时代的来临，国家之间的竞争不仅是经济的竞争，更是科学技术的竞争。这也意味着，未来科学技术对经济发展的重要性只会增强不会减弱。差异化表决权的存在，可以让那些创新驱动型企业没有后顾之忧，大胆融资，大胆创新。从社会层面来看，这无疑有利于科学技术的进步，也有利于生产力的提高。

其次，差异化表决权的设计不仅对创始人和企业家有利，在一定情况下也对企业稳定战略和长期发展有利。

一方面，企业家或创始人相比中小股东对企业有更深入的了解，因此他们对企业各项问题的判断往往会更加准确，做出的战略和策略也更符合实际。另一方面，从持股特性来看，企业家或创始人往往是长期投资者，甚至是企业的命运共同体，因此考虑问题的时候，会把目光放在企业的长期发展上，而不仅仅是资本利得上。

最后，更为重要的是，法治的完善、资本市场的发达和"用脚投票"能力的提高也为差异化表决权的良好运作不断提供更好的生存空间。一是随着法治环境的完善，中小股东可以较好地避免缺少表决权而导致的自身利益受到侵害的情况。良好的法治环境能缩小大股东谋取不合理利益的行为空间。二是随着经济的增长和经济运行效率的提高，多数国家对公平竞争的需求不断提高。从发达国家的情况来看，它们已经建立了先进的反垄断环境；从发展中国家的情况来看，不少发展中国家也正在加速建立反垄断环境。在这种趋势下，少数股东通过差异化表决权逐渐走向行业垄断，进而使降低经济运行效率的空间不断缩小。三是在发达的资本市场中，中小股东也可以选择"用脚投票"，当企业的发展不达预期时可以较好地止损。因此，在这种环境中，对于多数中小股东，尤其对于那些以资本利得为主的中小股东来说，表决权的重要性并没有那么高。

综合以上因素来判断，差异化表决权的设计在利用好的情况下，有利于科学技术的进步，有利于一些企业的发展和竞争力的提高。这也意味着，这种制度有长期生存的空间，并随着市场的完善和规范，在特定的领域发挥着自身的优势。

三、不同企业差异化表决权适用性探讨

如上所述，差异化表决权是把双刃剑，有其优点，也有其缺点。在利用好的情况下，差异化表决权的设计有利于企业战略的稳定，有利于企业的长期发展，但在利用不当的情况下，则不利于集体智慧的发挥，不利于建立股份流动机制和人才流动机制，进而不利于企业竞争力的提高。那么，什么样的企业适合设计差异化表决权呢？笔者认为，存在以下特征的企业可以在差异化表决权的设计中更容易受益。

首先，差异化表决权比较适用于企业发展早期，而且对那些研发投入较高、

内部现金流不足的企业更为适用。不少研发型企业在发展早期，一般不具备通过内部融资来提升研发投入的能力，而且该阶段的企业，由于规模较小且风险较大等，也很难通过银行贷款和发行债券进行融资。因此，对于存在此类特性的企业，差异化表决权的设计，可以使它们无须过度担心控制权稀释问题，只需要根据企业的发展需求进行大胆融资即可。

相反，已进入成熟期，对技术更新换代要求较低，企业家或创始人拥有较高持股比例的企业，如企业家或创始人持股比例在20%以上的企业，没有太大必要设计差异化表决权。其原因在于：一是企业已进入成熟期，意味着此类企业有较大的规模，也较好地实现了股东分散，较少的股份就可以对企业的治理起到重要作用；二是企业进入成熟期之后，进一步发展壮大需要的资金不仅可以通过内部现金流解决，也可以通过发行债券和银行贷款等方式解决，而无须过度依赖股权融资；三是技术更新换代较慢意味着企业不需要持续不断地进行股权激励，因此，股份稀释的速度也较慢。

这也是很多国家对差异化表决权设定"日落条款"的原因。所谓"日落条款"，是当法律或公司章程规定的事由出现时，差异化表决权的股东所拥有的股份自动转换为普通股，或者终止差异化表决权的条款。虽然不同国家对"日落条款"的要求有所不同，但是对于差异化表决权，不少国家在企业发展到一定的时间和规模，或者当企业创始人及管理层的角色和作用逐渐淡化时，就规定超级表决权股份转换为普通表决权股份。

其次，差异化表决权的设计比较适用于产品迭代速度快，产品创新、创意要求高的企业。这类企业为了保持创新的活力和与时俱进性需要不断引进人才，在这个过程中自然离不开股权激励。而且这类企业的产品很容易随着时代的变化而变化，因此也就有了更多的股权融资需求。自然，这类企业股份的稀释速度比一般的企业要快。以华为为例，华为从1987年成立至今，接受过股权激励的人数已超10万。在这个过程中，任正非在华为的持股比例逐渐下降到1%以下。在这方面，不仅华为，欧美的谷歌、脸书、爱立信、ABB，以及中国的腾讯、阿里、小米都表现出类似的特性。因此，这些公司也都设计了差异化表决权。

值得注意的是，并不是需要大量研发投入的企业的股权一定会快速稀释，这还要看行业特性。例如，同样是技术性行业，同样是人力资本型行业，不同的行业有不同的特色。有些行业创新创意要求高，技术更新迭代快，新产品、新模式、新创意、新技术不断出现（如IT行业），但有些行业虽然也要求有大量的研发投入，但其带来的往往不是新产品、新创意、新模式、新技术等，而是产品耐用性、稳定性、良品率、精度等性能的循序渐进的提高。

我们举一个例子。Canon Tokki是一家日本的OLED蒸镀机生产商。或许很多人没怎么听过这家公司，但是有深入研究过半导体行业的人应该对它不陌生。在全世界所有的蒸馏设备厂商中，Canon Tokki凭借其稳定量产和技术优势独占鳌头。与其他蒸馏设备公司相比，Canon Tokki的优势在于其产品的高精准度、高稳定性等。就因为这家公司能做到这些，所以即使它每年的设备产量只有十几台，即使它每台设备的价格都高达1亿美元，可它的订单依然已经排到了两年之后。然而，Canon Tokki是一个非常小的公司，只有360多名员工，但是员工的稳定性非常高，很少大量增员和减员。

同样是技术型企业，此类企业跟上面所讲的华为、阿里、小米等有明显的不同。它们需要的不是新技术、新产品、新模式、新创意，而是要通过工艺的改善、细节的完善、工序的调整和流程的优化来提高产品的稳定性、精度、耐用性、良品率等。而且，此类企业也不大适合通过不断地扩张产品品类的方式实现增长，而更适合在特定的细分领域里不断地把原有的产品做深、做精。

Canon Tokki属于机械设备类行业。这个行业中的很多企业都表现出类似的特性，虽然它们也需要大量的研发投入，但它们不是通过新模式、新创意等方式提高自身的竞争力，其产品竞争力的来源更多是原有产品的改良和优化。除了机械设备行业之外，材料行业、化工行业、模具行业、零部件行业等行业都表现出类似的特性。存在此类特性的企业，并不一定需要差异化表决权的设计，或者说差异化表决权的设计反而可能起到适得其反的效果。其原因在于：一是这类行业的发展往往是循序渐进的过程，并不需要频繁且大量的股权融资；二是这类行业的管理人员和技术人员比较稳定，不需要频繁的股权激励。因此，若对这些人员设计差异化表决权反而会降低他们的归属感。

再次，一些特殊的家族企业也可以选择差异化表决权制度。这些企业包括有家族秘方的家族企业；主要优势在于工艺改进且技术的更新换代较慢的家族企业；有特殊优势，如地理位置优势、特殊资源优势的家族企业；家族传承下来的文化对企业的生存与发展至关重要的家族企业；想要小而美地传承下去的家族企业；等等。差异化表决权的设计有益于企业经营战略和经营策略的稳定，有益于这类企业成为基业长青的企业。

关于家族企业是否适合采取差异化表决权制度，笔者还有一个个人的看法。那就是，家族成员是否参与企业的经营管理。

家族企业的特色就在于有家族传承下来的物质文化或精神文化，并且这种文化能增强企业的竞争力。如果家族成员不参与企业的经营管理，不把控企业日常事务当中方方面面的细节，那么就很难把这种文化或优势传承下去。那么，此类家族企业的长期生存和发展，还是要通过良好的公司治理和集体智慧来实现。自然，此类企业没有太大的必要设计差异化表决权。

随着差异化表决权理念的兴起，很多企业都想通过各种方式来实现差异化表决权，如设立有限合伙企业、修改公司章程、选择海外资本市场等。这是企业家们值得警惕的地方。因为，不少企业设计差异化表决权主要目的是保持控制权，而不是真正促进企业的长期发展和企业竞争力的提高。

差异化表决权是有利有弊的制度。如果用好这种制度，则有利于企业的发展；但如果不考虑自身企业的特性，盲目采取差异化表决权，反而不利于集体智慧的发挥，不利于引进有能力的员工，也不利于当企业遇到困难和瓶颈时，新力量的注入。至少从笔者亲身经历的一些案例来看，部分企业差异化表决权的设计，不仅堵塞了这些企业发挥集体智慧的路径，也加重了彼此的防备和猜疑，加大了大股东和其他股东、大股东和高管之间的隔阂。其结果，要么是企业业务开展不达预期，要么是企业没把握住机会，逐渐落后于同行业的竞争对手。

要知道，市场中存在竞争机制。企业想要在市场中长期立足并发展壮大，必须要在残酷的竞争中持续获胜。而那些未能用好差异化表决权的企业，或许企业家或大股东赢得了股东之间、股东和其他利益相关者之间的博弈，但这种选择可能让企业输给了市场的博弈。

一般情况下，多数企业家较难感受到落后于竞争对手的过程，往往在数年之后，原本跟自己差不多的竞争对手已跟自己拉开不小的距离，或者被本不如自己的竞争对手超越时，企业家们才会后知后觉。但对于像笔者这种从事投资业务或者从事咨询业务的人来说，常常能明显感觉到在不同的选择下不同企业的变化过程。有些企业是因为抓住了行业机会快速发展壮大，还有一些企业是选择了更有利于自身企业发展的制度，企业的命运就此发生改变。而多数企业家看到的往往是那些抓住行业机会快速发展的企业，很少会关注那些因制度机制不同而慢慢崛起的企业。当然，企业的发展壮大过程中，眼光、机遇、战略和策略是非常重要的因素，但长远看来，良好的制度设计更是不可或缺的因素。

其实，面对该不该设计差异化表决权的问题，中国的一句俗语提供了很好的思路，那就是"人心都是肉长的，只有以真心才能换真心"。"人心"是十分微妙的东西，当企业家和实控人为自身的利益和控制权着想，而不是真正从企业发展角度去考虑问题的时候，其他股东和公司高管往往能敏锐地感觉到企业家或实控人的想法，并以此为前提调整自己的策略。其结果，往往是各自为自身的利益着想，加大内耗，进而导致业务开展不达预期和企业竞争力下降。

第五节 如何看待企业发展与股权稀释

如同表决权问题一样，股权稀释问题也是多数企业的股东，尤其是大股东十分关注的问题。因为股权的稀释意味着大股东控制权的削弱，所以每个企业家都希望，在尽量少稀释股权的情况下，同样能带动企业的发展。毕竟，对于多数创始人或企业家来说，把企业做大不容易，但随着股权的稀释，想到可能某一天要把企业的控制权拱手让人，他们还是有些心有不甘。

笔者在调研企业的过程中也遇到了不少企业家因股权稀释问题而感到焦虑的

情况。这些企业的实控人，虽然不想稀释股权，但又担心不进行融资、不快速拓展业务，可能导致企业竞争力的下降或者被其他竞争对手超越。

那么，随着企业的发展，股权的稀释是不是必然的趋势呢？

笔者认为，如果从长远的角度来看，对于大多数企业来说，随着其发展壮大，控股股东或大股东的股权被稀释是大概率事件。但是，这里的长远指的是50年、100年，而不是10年、20年。对于很多企业来说，10年、20年，甚至50年，大股东持有的股权占比不怎么变化，那也是十分正常的事情。

其实，不少企业家担心股权快速稀释，跟中国经济近几年的发展特性有关。进入21世纪之后，中国的信息技术产业（IT产业）得到了快速发展，这不仅让中国成了信息技术产业大国，更成了信息技术产业强国。在这个过程中，中国培养了大量优质、高市值上市公司，更孕育出了大量的财富新贵。有趣的是，很多IT类企业的发展模式往往不是循序渐进式的，而是通过快速融资、快速抢占市场的方式实现了发展壮大。那些融资顺利、发展顺利的企业，短短十几年就成为行业巨头，成了市值超过百亿元、千亿元的企业，而那些融资不顺利的企业则很容易被淘汰。这种现象给中国不少企业家，尤其给年轻一代的企业家产生了深刻的影响，让他们更加相信，企业想要发展壮大，就要不断融资、不断拓展市场。

在这种思维模式的指导下，不少企业家不认真考虑自身行业的特性、自身企业的情况，而是走向了盲目股权融资之路。其结果，往往是打乱了企业正常发展的节奏，还有可能留下种种隐患。

不少这种企业行为的背后，资本的游说也起到了很大的作用。面对资质较好的企业，各路资本都想成为其中一员。这种动力会使他们不断游说企业，想要发展壮大，就必须快速融资，必须多进行股权激励等。为了提高说服力，他们还会举出大量的案例，如上文提到的阿里、华为、京东、百度、腾讯、微软、谷歌等都是他们热烈追捧的案例，而这些企业无一不是IT类企业。然而，他们的游说却充满着误导。关于这一点，或许游说者们自己都没有发现，因为不少投资者确实坚定地认为，企业想要发展壮大，想要在竞争中获胜，必须要快速融资、快速引进所需人才。

诸多 IT 类企业通过高频融资的方式发展壮大自有它们的道理。IT 产业是典型的产品迭代速度快，产品创新、创意要求高的产业。尤其，IT 产业中的互联网行业不仅产品迭代速度快，产品创新、创意要求高，还存在明显的网络效应[①]。因此，这类企业想要发展壮大，不得不快速融资，快速适应不断变化的市场。那些存在网络效应的企业，更是不得不以快速扩大规模的方式抢占市场。

但是，很多产业跟信息产业的情况并不相同，其行业并未表现出产品迭代速度快，产品创新、创意要求高的特性，如商贸流通领域、纺织服装、食品加工、化工、机械设备、生物发酵、精细加工等行业均是如此。也正因如此，这些行业中存在着大量的 100 年以上的企业，其大股东（如创始人的继承人）或家族成员依然控制着 20% 以上，甚至是 30% 以上的股权，如杜邦、沃尔玛、米其林、菲亚特、美津浓等都是如此。以上是上市公司或大型企业，如果是非上市公司或者是中小公司，则这种现象更为明显。例如，非上市企业中，更是有大量的小而美的企业，它们历经百年，大股东的股权都没有被稀释太多，至今大股东和家族成员所持有的企业股权仍超过 30%，甚至超过 50%。

每个行业都有每个行业的特色，每个企业也有每个企业的特色，并不是对所有的企业来说，快速融资、多进行股权激励，并快速拓展市场都是提高其竞争力，

---

① 网络效应是指，其产品或者服务随着用户人数的增加，其自身的价值也会增加，即存在网络效应的行业会表现出"用的人越多，每个用户承担的产品成本越低，产品也越好用"的特征。比如，对于一个电商平台，当其用户很少的时候，电商平台分摊到每个用户上的运营成本就很高，但是随着用户数的增加，分摊到每个用户的成本会不断降低。而且，电商平台用户数的增加，不仅会吸引更多的商家和产品入驻该平台，用户还会不断完善对商家和产品的评价，这就有益于更多的用户使用该平台。网络效应和规模效应的不同之处如下。一是，在规模效应下，随着产量的增加，其单位生产成本会不断降低。但规模效应往往会有一个极限，当生产规模达到一定程度之后，如果进一步扩大规模，其单位生产成本反而会加大。而网络效应则不同。在网络效应下，用户数的增加只会不断降低边际成本。二是，网络效应中，用户本身作为一个内容生产者，还可以不断地完善平台。这也意味着，存在网络效应的业务，随着用户数的增加，其业务会得到不断完善，其价值也会不断提高。而存在规模效应的业务，则不具备以上特性。

并使自己发展壮大的重要因素。

那么,不同的企业应该如何把握节奏呢?或者换一个角度来说,什么样的企业更适合通过快速的股权融资方式来建立优势,什么样的企业快速融资对自身的发展壮大影响不是很大呢?

关于这个问题,上文已经给出了部分答案。

如果一个行业是创新要求高、技术进步快、产品迭代快的行业,那么此类行业中的企业,采取股权融资驱动的策略或许就是不错的选择。此类行业企业的实控人或创始人也要做好股权快速稀释的准备。因为,企业想要在存在以上特性的行业中获得竞争优势,那么就必须不断开发或应用新技术、推出新产品、想出新创意、采取新模式等。策略的频繁变动,不仅需要资金的支持,也需要不断有新人才的流入。自然,此类企业需要更为高频次的股权融资和股权激励。

与之相反,如果一个行业是对产品的创新要求不高、技术进步和产品迭代较慢的行业,则此类行业中的企业并不需要高频次的股权融资(包括股权激励)。因为这类行业往往是循序渐进式发展的行业。这类行业中的企业,通过改善管理、优化流程,以及合理的投资和扩大产能,同样可以建立竞争优势。

除了具有以上特性的企业之外,还有一些有天然"护城河"的企业一般也不属于股权融资驱动型。

有天然"护城河"的企业往往具有优势要素难以移动、靠特色要素来经营等特点。其中优势要素难以移动包括某个企业有特定的地理位置优势,企业生产的产品运输成本过高不宜远距离运输,企业生产的产品保鲜要求较高,必须短期内消费等。比如,有一些酒店坐落于旅游城市或者景区附近,此类酒店有天然的地理位置优势,没有必要用大量的股权融资来保障自己的这种优势。美国、日本等国家有大量的此类企业。它们一般也不会想着快速扩大规模,因为它们生存压力小,世世代代靠这个优势就可以已惬意地生存着。

再举一个例子。有些产品的特色就在于较短的保存期。在这方面上文讲到的一景乳业就是典型的例子。一景乳业的牧场不仅有天然的地理位置优越性,企业更是为了保证产品的新鲜性和营养性,采取了直接送货的方式,使得客户可以在奶产品生产出来的48小时内饮用。在这种定位下，企业产品能覆盖的范围非常有限。暂不知道该企业后续会不会建立其他牧场或者向协同业务发展，但十分明显的是，它无须快速扩张，采取稳扎稳打的策略即可。

以特色要素来经营的企业包括企业产品的生产有祖传的秘方，有特殊的技术诀窍等。不少家族企业都有此类特性，它们有代代相传的秘方和技术。此类企业的产品很难被模仿，工艺上的细微差距、配方上的微小差别、生产环境因素上的控制理念不同等都会影响产品的特性，如口感、体验、功能等。因此，此类有技术诀窍和特殊秘方的企业，在不传授这种秘诀的情况下，很难被其他企业通过自身摸索和研发而取代。而且即使研发出差不多的产品，在没有先发优势的情况下，也很难对该企业产生明显的冲击。在中国，家喻户晓的十三香，上文提到的咸亨股份就属于拥有此类特性的企业。这种类型的企业在日本和德国尤其多，而且很多都是100年以上的长青企业。

对于不少企业来说，不前进就是退步，你不积极抢占市场，竞争对手就会抢占你的市场。但存在以上特性的企业却可以绕开这种竞争环境。此类企业由于有明显的"护城河"，因此也不用急于扩张，只采取稳扎稳打的策略即可。

还有一点就是，企业是否需要大量的股权融资也跟企业所处的阶段有关。

对于多数企业来说，企业在发展早期因缺少内部现金流及人才等，不得不通过更多的股权融资来解决资金问题，以及通过诱人的股权激励来引进人才。然而，这种现象会随着企业的发展壮大、行业地位的提高而有所改变。其原因在于，一是随着企业的发展壮大，企业的融资渠道得以拓宽，发展问题可以通过内部现金流、银行贷款、发行债券等方式来解决；二是企业在弱小的时候，没法给高管和员工一个平台，因此需要更多的股权激励来吸引他们，但随着企业不断发展壮大，行业地位不断提高，股权激励的紧迫性也会减弱，例如，较高的行业地位、较高的薪酬福利待遇足以吸引各路人才，并让他们安心工作。因此，企业发展壮大到一定程度之后，股权稀释速度会变慢。

而且，随着企业的发展壮大，大股东的持股比例会下降，但是在这个过程中其他股东的持股比例也同样会下降。与企业发展壮大相伴随的是所有股东的持股比例都不断下降、股权不断分散化、公司市值不断提高。在这种情况下，大股东持股比例较小，如 10%，也能保持较好的控制力。以西门子为例，现西门子家族拥有西门子股份不到 10%，但是西门子家族在该公司治理中依然能起到重要的作用，因为另外 90% 以上的投票权分散在 60 多万个股东手里。除家族成员之外，最大机构持股西门子股票的比例也就在 1.5% 左右。

第九章　家族企业的发展

说到家族企业，人们普遍会想到任人唯亲、裙带关系、公私不分等问题。因此会认为，家族企业是相对落后、效率较低的组织，很难发展壮大。其实，这里存在一定的认识误区。第一个误区是家族企业是相对落后、效率低的组织；第二个误区是企业只有不断做大才是好企业。

由于家族企业和非家族企业在组织方式上存在不同特性，其发展过程也表现出不同的特性。因此，只能说家族企业和非家族企业有各自的优劣性，不能片面地放大家族企业的缺点。从不利的一面来看，家族企业在发展壮大的过程中，相比非家族企业确实存在更大的阻力。一个企业想要发展壮大，不仅要不断地向社会融资，也要不断地引进人才。由于家族企业常常存在任人唯亲、裙带关系、公私不分等方面的问题，因此在发展壮大过程中，它们不易调动社会资源。正因为如此，家族企业发展壮大到一定程度之后，很容易出现停滞不前甚至是倒退的情况。

关于这一点，我们也能从各国对家族企业的统计数据中看出。从总数角度来看，不同国家中，60%~80%的企业属于家族企业。但是，统计口径从所有企业变成大企业的时候，这一比例就会发生变化。例如，世界500强企业中，大致有1/3的企业是家族企业，美国的情况也是如此。美国500家超大企业与1000家大企业中，大致1/3的企业可归入家族企业，而且这1/3家族企业中不少企业更多表现出公众公司的特性。从上述统计数据中大致可以看出，家族企业相比非家族企业更难发展壮大，或者想要发展壮大，就要弱化家族企业的特性，如家族成员不参与公司治理、不参与公司经营管理等。

但是，家族企业也有非家族企业无法比拟的优势：一是家族企业更容易立足；二是家族企业更容易成为长青企业。家族企业在发展早期，主要以血缘和亲情为纽带，会表现出更强的凝聚力和更高的管理效率。也正是因为这个特性，家族企业在创业阶段更容易立足，在规模较小的时期可以表现出更高的经营效率和抗风险能力。因此，如果家族企业在发展壮大的过程中，能顺利克服自身的缺点，发挥自身的长处，同样可以成为大企业。我们所熟悉的杜邦、福特、沃尔玛、米其林、耐克、保时捷、宜家、迪卡侬、香奈儿等都是很好的例证。

以上是从发展壮大的视角来看家族企业的。然而，我们在评价企业从大企业转向长青企业的时候，家族企业相比非家族企业就有了更为明显的优势。对于一个家族来说，能把企业做大固然是好事，但是能把企业做长久才更重要。

由于家族企业的核心股东是家族成员，因此这类企业更容易以长期利益为导向，有更强的使命感和责任感，更容易形成信念共同体和事业共同体，更容易形成企业文化等。而这些无一不是提高企业竞争力、有益于企业长期立足的核心因素。

其实，欧美发达国家就有大量家族企业。虽然它们可能规模不大，但已在某个细分领域里深深扎根，以其特色和较难模仿的优势惬意地生存着。以德国为例，隐形冠军之父赫尔曼·西蒙研究发现，德国经济的强大之处在于，德国有大量的隐形冠军企业。这些企业不一定能被消费者看见，规模也不一定很大，但它们低调务实，有强劲的竞争力和顽强的生命力。这些隐形冠军中，近2/3是家族企业，创立年限较长，经历了市场的起落而屹立不倒。隐形冠军企业的平均寿命为66岁，超过百年历史的企业占比38%。

第一节　从创业到立足

从企业发展的特性来看，跟多数非家族企业一样，在创业之初，家族企业的创始人往往凭借一个创意或看好某个市场机会而进入市场。不同的是，从创立到立足阶段，家族企业相比非家族企业往往能表现出更强的生命力。其原因在于，家族企业以血缘和亲情为纽带，可以更好地做到任劳任怨、自我奉献、快速响应，具有较低的道德风险和绝对的信任。这不仅有益于增强企业的凝聚力和团结力，还可以降低不必要的管理成本。除此之外，家族企业对企业的经营和发展更容易形成一致的目标。

家族企业的这种特性，可以使其在规模较小、抗风险能力较弱时期，以及经营不达预期和遇到重大挫折时期，依然保持较强的凝聚力。比如，当企业出现问题和经营不达预期时，家族企业的成员无论是半夜十二点还是凌晨两点都可以开会解决问题，寻找对策；企业困难之际，家族企业的成员可以少拿工资，甚至不拿工资无偿付出；家族企业的成员不会在工作中磨洋工，而是全心全意主动付出；家族企业的某个成员犯错误，给企业带来不利影响时，其他成员的主要心思也不在于问责和寻求赔偿，而在于协商，共同探讨，共同担责，并寻找解决方案和突破口……这些都是非家族企业较难拥有的优势。非家族企业遇到此类问题很容易出现矛盾，甚至是在法庭上兵戎相见。只有家族企业这种组织，其成员才可能以难以割舍的亲情和血缘不断地团结在一起。

以笔者跟踪调研过的一家家族企业为例，这家家族企业经过十多年的发展，在业内建立了一定的竞争优势，规模得到扩大，所雇的人员也达到了上百人。随着企业的发展、营业收入的增加，家庭成员之间的付出、贡献与分配问题逐渐浮出水面，其内耗也不断增加。

然而，一场危机的出现，快速缓解了家族成员之间的矛盾，又让他们紧紧地团结在了一起。由于这家企业所属行业竞争的加剧，以及家族成员对未来的判断错误等，原本经营良好的企业，没过多长时间便陷入了经营困境，不仅其销售额大幅下滑，其现金流也无法支撑日常开支。在困难之际，这家企业家族成员之间的凝聚力仿佛又回到了创业时期。在这家企业营业额不断降低，现金流枯竭，职业经理人一个接一个离去的时候，各个家族成员没有埋怨，也不再提起曾经的矛盾，而是想尽办法一起筹钱，一起承担风险，不分昼夜地工作。在这种氛围下，企业逐渐开始起死回生，其经营也慢慢回到了正常轨道。

同样的情况如果发生在非家族企业可能会有所不同。非家族企业如果出现内部矛盾，陷入经营困境，那么很可能的情况是员工各怀各的心思，想尽办法维护自身的利益。当企业陷入困境时,只有实控人和创始人才会迫于无奈承担较多的风险,多数中小股东和高管的更多心思也会放在零和博弈上,如怎么在出问题的企业中更好地保证自己资产的安全,是否应该寻找下家企业等。

可是家族企业却不一样。不少家族企业遇到困境时,其家族成员即使是小股东也会更多地关心企业本身的生存和发展,愿意为企业的发展妥协自身的利益。如果进一步剖析这种行为的背后逻辑,就会发现,家族企业背后往往还存在家族财产的理念。对于非家族企业来说,每个成员更加关心的是个人财产的多少。但是对于家族企业来说,家族成员虽然也重视个人财产,但更关心家族财产。面对困境时,他们相信,虽然个人财产会受到损失,但如果可以更好地保住家族财产,那么有朝一日个人财产也会增值。

当个人财产和家族财产存在矛盾的时候,家族成员为了家族财产的健康发展,可以妥协个人财产的损失,对之前的分配矛盾也更容易释怀。正是这个原因,家族企业在中小企业阶段,相比非家族企业有更强的生命力。

然而,随着企业的发展壮大,家族企业在中小企业阶段的优点,也有可能变成企业进一步发展的制约因素。一是家族企业较难摆脱任人唯亲的管理方式。任人唯亲这种用人不问德才,只选跟自己关系亲密者的管理方式,或许有益于增强企业的凝聚力和团结力,但也容易使家族企业闭塞于社会管理资源之外。随着知识经济时代的到来,企业之间的竞争更多表现为人才的竞争,而家族企业任人唯亲的管理思维,不仅较难快速引进人才,同时也因缺少公平竞争的环境,较难留住人才。二是相比非家族企业,家族企业的管理常常会有更多说不清道不明的"情理"在里面。对于不少家族企业来说,企业不仅是获利的工具,同时也是承担家庭义务的工具。正因如此,家族企业不仅在主观层面上很难形成规范化的管理制度,在客观层面上也存在更多阻力。

在企业规模较小的时候,企业家精神、凝聚力、快速响应、任劳任怨往往是企业生存与发展的重要因素。在这个阶段,规范化的管理对企业并不重要,过分强调制度化管理和完善的治理结构,有可能增加企业的管理成本和治理成本,反而不利于企业的发展。

比如，在发展早期，家族企业的核心管理层往往是家族成员或亲朋好友。在这个阶段，家族企业表现出的是强网络、弱组织的特性，通过核心成员之间的频繁非正式沟通、信任和凝聚力来推动企业的发展。如果发展顺利，多数企业往往会进入下一个阶段。在该阶段，企业的营业额会进一步增加，雇员人数、产品系列、客户和供应商人数也会不断增加。为了更好地适应变化，企业无论是主动还是被动，都要分化出更多的部门，建立起更多的规章制度。在这个过程中，有些企业的管理还要从看得见的管理转变为看不见的管理。企业规模较小的时候，企业家或家族成员可以管控企业发展的方方面面。但是随着企业的发展壮大，不仅它设立的网点会变多，其子公司、分公司等的数量也会不断增加。在这个阶段，企业的管理不得不从看得见的管理转变为看不见的管理。或许3~5个网点和分公司，家族成员能管得过来，但是变成8个、10个的时候怎么办呢？这时候企业只能转变为采取制度化的管理方式。

以餐饮企业为例，笔者不仅调研过不少餐饮企业，也投资过餐饮企业。从餐饮企业的特性来看，一家餐饮企业能生存下来，往往是因为其味道有独特之处。但这家餐饮企业立足之后，逐渐开设多家连锁经营店（无论是自营还是授权经营）的时候，规范化管理要求就会提高。2~3家店企业家和创始人团队可以管控过来，3~6家店勉强也能管得住，但是到了6家以上，甚至超过10家的时候，企业的竞争力已不再表现为味道的好坏，而考验的是企业供应链的稳定性、菜品的品控、资金链的安全性及危机公关能力等方方面面。到了这个时候，企业每走一步都要策略性推进，要通过建立规范的组织、规范的流程、规范的作业模式来推进，而不能像只有1~2家门店时一样，出问题时可以及时通过打电话等方式来解决。达到一定规模之后，只有亲情化管理转型为规范化和制度化的管理，建立起分权化的组织架构和决策约束机制，才能最大限度地降低企业代理问题所产生的损失。

当然，凡事都有例外。对于一部分有特色的家族企业，如上文提到有特殊的"护城河"，并想要小而美地生存下去的企业来说，规范化管理的必要性并不强。但是对于多数缺少明显的"护城河"，处在激烈的竞争环境，或者想要不断发展壮大的企业来说，从亲情化管理到规范化管理是家族企业必须要跨过去的一个门槛。

第二节　从亲情化管理到规范化管理

亲情化管理可以简单地理解为，企业的管理主要通过类似亲情和友情的方式来实现。在企业发展早期，这种方式可以调动工作人员的积极性，可以减少管理成本，也可以提高协同效率。但随着企业的发展壮大，亲情化管理模式会遇到较多问题，如亲情化管理缺少明确的赏罚体系和问责机制，较难做到处理事情上的公平公正；亲情化管理需要耗费大量精力，随着人员的增多，管理者精力有限问题会变得突出；亲情化管理缺少明确的规章制度，因此容易拉帮结派、增加内耗等。

对于多数企业来说，亲情化管理转型为规范化管理，以及建立完善的公司治理体系的过程可称"惊险的跳跃"。如果跳跃顺利，那么等待企业的是更广阔的天地，如果未能顺利跳过去，那么等待企业的就是快速变化的环境中企业竞争力的逐渐削弱。家族企业的情况更是如此。从亲情化管理到规范化管理是大多数家族企业相比非家族企业更难跨过去的一个门槛。

非家族企业在发展早期普遍也通过亲情化管理来提高企业的凝聚力和运行效率。但企业发展到一定程度之后，非家族企业很容易推进规范化管理。因为非家族企业中的亲情是一种模拟的亲情，所以需要规范的时候不会有太多的阻力。但是家族企业却不同，其亲情化管理不仅存在模拟的亲情，更存在真正的亲情。自然，这会导致家族企业从亲情化管理发展到规范化管理面临更多的阻力。

那么家族企业又该如何实现这个"惊险的跳跃"呢？或许，企业资产与家族资产（个人资产）的分离、家族委员会的建立、独立董事的引进，以及家庭成员责任承担及抗风险机制的建立都是很好的方案。

一、企业资产与家族资产（个人资产）的分离

我们已经讲过企业的所有权、控制权、经营权界限的清晰划分对企业发展壮大的重要性。可是这件事情说来容易，操作起来却很困难，对于家族企业来说更是如此。

在不少家族企业里，不要说在所有权、控制权、经营权之间划清界限，就算将家族资产（个人资产）与企业资产分离也是较难做到的事情。很多企业在发展早期，家庭资产（个人资产）和企业资产不分，不仅家族成员的日常生活开支直接从公司账上划走，而且当家族成员陷入资金困境的时候，也用公司的资产来帮助家族成员渡过难关。这种现象不仅在中国的家族企业普遍存在，就连欧美国家的家族企业也同样存在。赫赫有名的杜邦、保时捷、福特等公司的发展也经历过类似的过程。

企业资产和家族资产（个人资产）不分，对于发展早期的企业来说，在一定程度上有益于家族成员的团结和力量凝聚，让企业充满更多的亲情味。然而，随着企业的发展壮大，这种现象必须要进行改变。因为，企业在发展壮大的过程中一定会出现家族资源的禀赋不足以支撑企业下一步发展的情况。这时候企业若能明确企业资产和家族资产（个人资产）的界限将会给后续的发展会带来诸多好处。

首先，明确企业资产和家族资产（个人资产）的界限，不仅有益于拓宽企业的融资渠道，更有利于人才的引进。家族企业在发展早期，其资金更多来自家族成员，即亲朋好友的入股或借款，但企业想要进一步发展壮大，往往需要更多的资金，如向银行借款或引进投资者等。不难想象，如果投资者看到一家企业家族资产（个人资产）和企业资产都分得不是很清楚，那么自然会退避三舍。人才的引进也是如此。如果一家企业还处在企业资产和家族资产（个人资产）都不明确的阶段，那么处理企业事务时，必然会存在诸多不公平。这种环境不仅不利于人才的引进，也不利于留住人才。

其次，明确企业资产和家族资产（个人资产）的界限，不仅可以避免家族成员之间的明争暗斗，也可以避免家族成员掏空企业的行为。虽然家族企业在早期的立足和发展中具有一定优势，但是当家族企业脱离生存危机，具备较好利润的时候，家族成员之间就容易出现明争暗斗的情况。

举个例子，家族企业常常会出现某个家族成员因个人财务问题，通过非正常手段抽取企业资金的情况。而在非家族企业，这种事情一般不会发生，如果发生，那么也是追责和法庭上的兵戎相见。但是，家族企业却不同，家族企业很少对这种事情追责，或将其闹到法庭。可是，这种行为会给其他家族成员留下深深的不公平的印象，其结果就是每个人都想尽办法从企业中多捞好处，而不是关注企业本身的发展。类似的案例，笔者已经经历过不少。由于不少家族企业在分配方式上没有制定明确的制度，家族资产（个人资产）和企业资产没有明确的界限，因此很多事情的处理极容易给家族成员留下不公平的印象。而且家族成员一旦开始产生这种想法，那么企业就会成为其掏空资产的工具。尤其，企业经营状况较好时，家族成员更是会想尽办法为自己多捞好处。多数企业的这种情况只有当其再次陷入困境时才会停止出现。这也是很多家族企业共患难易、同富贵难的原因。

除此之外，家族企业发展过程中不仅代际关系会发生变化，兄弟姐妹及其他亲属之间的关系也会发生变化。这种情况下，家族企业很容易在股份、资产、利益分配等方面产生纠纷。当家族企业还处在第一代，企业中有明显的权威者或家长的时候，这些矛盾还能压得住，也有可能较好地得到解决。但是，如果这个企业发展到了第二代，甚至是第三代阶段，那么这种矛盾就很难解决了。

因此，如果家族企业已度过生存阶段，那么十分有必要明确企业资产和家族资产（个人资产）的界限。只有这样，才有可能杜绝家族成员的道德风险，减少家族成员的投机行为，进而促进企业的长期健康发展。

毋庸置疑，家族企业确实要为家族成员承担更多的责任。这也是一个家族可以生生不息，让家族企业保持更好的凝聚力，把家族企业的理念和文化传承下去的重要因素。但家族企业的这种职责应该由家族委员会或家族信托等承担起来，而不应该通过模糊企业资产和家族资产（个人资产）的方式来承担。

二、家族委员会的建立

家族企业想要发展壮大，最好是从亲情化管理转型为规范化管理，其治理模式也要转型为以董事会为主。但对于多数家族企业来说，仅靠这些还不够。其原因在于，家族企业诸多问题的处理，还会涉及亲情和家族关系的影响，即家族企业在经营过程中，无法完全分开"企业问题"和"家族问题"。

那么，在这种情况下，又该如何处理企业和家族成员之间的关系呢？

从发达国家的经验及一些成功家族企业的经验来看，家族成员之间建立非正式或者正式的沟通组织，即家族委员会（家族理事会），是有效治理家族企业的方法。

（1）家族委员会的概念及构成

家族委员会是家族成员及家族利益相关成员定期聚集，一起讨论家族事务与企业事务的组织。在这个组织里，家庭成员可以探讨家族问题及家族与企业发展相关问题，如公司董事的任命、董事会与家族委员会的协调、企业发展战略、分红与投资政策、企业人事安排、接班人的培养和选择、家族财产分割、家族成员的进入条件、家族股东的退出机制等。家族委员会在欧美国家的家族企业中是普遍存在的组织。

对于一些家族企业来说，当规模较小的时候，它们不一定需要设立专门的家族委员会，家族成员之间的沟通更多的是以非正式方式进行。在此阶段，家族成员之间的沟通不需要正式场合，也不需要具体的分工和任命，只要认为必要，家族成员随时就可以聚集起来一起探讨家族与企业发展相关问题。然而，随着企业的发展壮大，随着家族成员人数的增多，家族企业非常有必要建立一个正式的家族委员会。尤其，当企业传承至第二代之后，家族分支可能发展为卫星家庭。此时，家族企业最好设立探讨家族与企业发展的正式组织。

如果一家企业家族成员较多且构成复杂，那么家族委员会下还可设多个组织，如家族股东委员会、家族提名委员会、家族休闲委员会、家族治理委员会等。从实践案例来看，还有一些家族企业会设立由老一代家族成员构成的长老会，长老会在家族企业发展中起到顾问作用，能帮助家族成员形成共同的价值观和共同的使命感。

从家族委员会的人员构成上来看，家族委员会以家族企业的股权所有者和参与经营管理者为主，但这并不意味着，家族委员会的成员一定要局限在参与家族企业事务的人员。根据需要和必要，家族委员会可以包括家族中的长辈（家族权威者），未来可能的股东、董事及经营管理者等。家族委员会也可以有非家族成员，如法律顾问、金融顾问、外部智者等人员。这些人员加入家族委员会不仅能为家族和企业健康发展提供专业意见，更能帮助家族成员，尤其是年轻的家族成员快速成长。

（2）家族委员会的作用

随着家族事业的做大和家族成员的增多，家族委员会的建立可以为企业的发展和家族的兴盛起到重要的作用。

一是家族委员会的建立有益于解决家族内部的利益纠纷。

对于多数家族企业来说，第一代创始人还在的时候，家族内部利益纠纷不会太明显，但是第一代创始人一旦退休或离去，那么家族成员之间的矛盾就很容易浮出水面。下一代接班人往往缺少创始人的魅力和威严，因此很难控制家族内部产生的矛盾。家族委员会的建立可以大幅减少这种问题的出现。家族委员会作为正式的组织，往往都有一定的规范性制度和规则，如家族资产（个人资产）和企业资产的界限、董事会上的家族成员对外的态度、家族企业的人事任命和裁员的条件等。

在较为明确的规则和制度下，家族成员们可以更好地了解各自的权利和责任，可以更好地确定和感知家庭与公司之间的分界线。这种方式相比通过一个人的权威，或通过少数人的魅力来解决家族成员间的矛盾更加有效，也更加可靠。而且，明确的规则也更容易给家族成员安全感，不用担心其他家族成员抢先套利，进而有益于提高家族成员之间的信任感。

以福特家族为例，该家族是美国大家族之一，其企业当中有大量的家族成员。在这种企业中，家族成员之间固然有合作，但其竞争也相当激烈。在这种环境中，福特家族形成了若干有趣的制度。如在漫长的发展过程中，福特家族内形成了家丑不外扬的共识，每个家族成员不仅要维护自己的隐私，也要维护其他家族成员的隐私。家族成员之间的内部矛盾都不接受媒体的采访。在这方面，不仅是家族中的大人，家族中的小孩也要守口如瓶。为此，1998年担任董事长的比尔·福特说："信息时代，福特这样的公司，一不留神就会丢丑全球，授人以柄。因此请原谅，我不能向你们透露任何公开发表过以外的消息。"[①]

二是家族委员会的建立有益于家族成员之间疏通感情，有益于传承和发扬家族文化。

企业规模较小的时候，家族成员抬头不见低头见，有很多交流机会。但随着

---

① 王勇，艾凤义. 家族企业原理[M]. 北京：北京理工大学出版社，2013:27-28.

企业规模扩大，规范化管理的推进及家族成员的增多，家族成员之间的沟通交流可能会逐渐淡化。例如，随着企业的发展壮大，员工、部门越来越多，很多企业还可能在不同的城市不断设立子公司或分支机构。在这种情况下，家族成员之间沟通交流的机会逐渐减少，原本熟悉的家族成员之间的感情也有可能变得生疏，那些新进入的家族成员更是缺少与大家沟通交流的机会。此时，家族委员会的存在，定期会议和定期活动的举办，不仅有利于家族成员之间的感情沟通，也有益于家族成员形成共识，增强团结力和凝聚力。

我们再以福特家族为例，福特家族在底特律有一个专门的家庭办公室，家族成员经常通过它互通情报，如果本人和小家庭有什么需求，也可以请家族帮忙解决。该办公室每季度出版一本家族专刊，它除了传递内部信息，还特地通报公司最新经济季度报表等要闻。福特家族每两年会召集数量不定的家族成员在固定时间到公司总部聚会，会后还会到部分家族成员家里参加宴会和舞会，有时也会一起驱车前往郊区，参加家乡味十足的活动，以增进家族亲情。除此之外，福特家族常常会聘请专门的顾问，为家族成员在理财、房地产、投资，甚至是家政、子女教育等方面提供咨询。

其实，很多大家族都有类似的行为，如定期的交流会和聚会、定期的家族专刊、定期的家族文化活动等。有些家族还会编写家族历史，保留家族档案，以便帮助年轻一代们更好地了解家族的历史，增强他们的自豪感和使命感。对于家族企业来说，此类行为不仅有益于家族成员之间的沟通和交流，更是有益于提高家族成员的主人翁意识，让更多的家族成员感受到温暖，以成为家族成员为荣，盼望企业发展壮大。

随着企业发展壮大及代际传承，家族成员之间变得生疏是难以避免的事情。而且随着家族企业的发展壮大，还会不断出现不参与企业经营活动的股东。对于这些人来说，相比企业的发展壮大，他们更为关心的是手中股票的价值及股票的流动性。在这种多样化环境下，只有家族委员会运作良好，才有可能最大限度保障更多的家族成员成为家族事业的信念共同体和利益共同体，进而促进家族的繁荣与昌盛。

三是家族委员会的建立有益于对新一代的培养和权力的交接。

家族委员会是定期探讨家族事务与企业事务的组织。新一代在参加家族委员会的各种会议和活动的过程中，不仅可以更好地了解企业的情况，也可以更好地了解家族成员的情况，这无不有利于对新一代的培养。家族企业的接班人作为家族成员中的核心人员，要处理家族和企业内的各种问题。如果在没有充分了解企业和家族的情况下接手这项事业，必然会引起各方面的矛盾。权力的交接就像接力赛中接力棒的交接一样，要有一个助跑的过程，而家族委员会正是起到了这种助跑的作用。

四是家族委员会的存在有利于罢免或调整家族企业中不适合的家族成员。

家族企业在经营发展中，出现某个家族成员无法胜任某项工作时，如果采取的是家长式的管理方法，那么很容易导致该人员不服气，甚至可能出现破坏家族利益和企业利益的情况。然而，通过家族委员会来处理此类事务却可以大幅预防此类风险。

对于大股东的继承者也是如此。有些大股东的继承者可能有战略眼光，但不擅长经营管理，那么家族委员会可以说服该继承者只担任公司的董事长，负责制定公司战略，协调董事和股东之间的关系，而将公司的日常事务交给其他家族成员或职业经理人来打理。如果大股东的继承者既不擅长经营管理，又缺少战略眼光，那么可以让其只做董事长的最本职工作，即组织董事会和处理股东之间的关系，建立发挥集体智慧的组织来弥补个人的不足。如果大股东的继承者各方面能力都不足，而且又有很高的权力欲，那么家族委员会有权让其不担任任何职务。这样不仅有益于家族企业的发展，对大股东的继承者其实也是一种保护。如果大股东的继承者各方面能力都不足，那么家族企业有可能就消失在这一代手中，而选择其他优秀人士来管理，那么该继承者的下一代还有机会来接手留下来的家族事业。这也有益于家族企业的健康发展和家族香火的传递。

对新一代的培养和权力的交接，只有在有家族委员会的情况下才好操作。因为在企业中大股东和控股股东起着重要作用，但是在家族委员会中却并非如此。家族委员会是讨论家族事务与企业事务的组织，其目的是保证家族事业的发展壮大、家族的兴旺及家族资产的保值和增值。因此，在家族委员会里，家族成员可以更好地放下自己在企业中的身份，从家族企业和家族事业健康发展的角度去探讨问题。而且，家族委员会也可以事先设计一套有益于家族事业和家族发展的人事任命制度，以便更好地防范不称职的家族成员在企业中任职。

三、独立董事的引进

随着企业的发展壮大与公司治理结构的规范，独立董事在董事会中起到越来越重要的作用。对于家族企业来说更是如此。对于家族企业来说，独立董事的引进有诸多好处。

首先，独立董事的引进有利于缓解家族成员与非家族成员之间的矛盾。

家族企业在发展壮大的过程中，企业的管理层、股东层及董事会中非家族成员数量会逐渐增多。但对于多数家族企业来说，当家族成员和非家族成员之间产生矛盾时，双方很容易形成微妙的对立感，进而不利于企业的健康稳定发展。对于多数家族企业来说，其掌舵人都会身兼多职。他们不仅是企业的领导者和管理者，也是家族中的核心人物和长辈。因此，当家族成员给企业带来不利影响时，掌舵人很难在公司事务和家族问题上划出明确的分界线。即使家族企业的掌舵人对一些事情处理得十分公正，其敏感的身份也容易引起多方利益者的质疑。家族企业的经营负责人（CEO、总经理等）不是家族成员的情况，同样也存在类似的问题。处理涉及家族利益和企业利益的问题时，这些人也很容易左右为难。

例如，如果企业在经营过程中，某个家族成员因玩忽职守给企业带来了较大的损失，那么这种情况该怎么处理呢？如果这个人是非家族成员，可以降职甚至是开除，但是如果这个人是家族成员，则很难这样处理。即使想要降职和开除，也会遇到较大的阻力，如该家族成员会动用各种家族力量来设置重重阻力等。

家族企业在经营与发展过程中很容易出现敏感性问题，如家族成员的任免问题、处罚问题、薪酬福利待遇问题等。诸如此类的问题处理不当，不仅会影响非家族成员对公平的感受，加大家族成员与非家族成员之间的矛盾，进而还会影响公司管理和公司治理的效率。更为严重的是，这种环境非常不利于留住人才。

通常，有能力的人对公平的环境有较高的向往。如果一家企业家族氛围严重，时常出现事务处理不公平的情况，那么这家企业也较难吸引人才和留住人才。慢慢地，此类企业留下来的更多的是缺少事业心、不善于独立思考、只知执行、善于阿谀奉承的人员。这才是企业后续发展中存在的最大隐患。

市场存在竞争机制。除了少数有天然"护城河"的企业之外，多数企业想要在市场中生存下去，唯一的选择就是不断地前进。因为对于这些企业来说，停止前进就是倒退，竞争对手的进步会变相削弱停滞不前的企业的竞争力。或许这种变化在3年、5年内不会很明显，但是10年、15年之后，可能会和别的企业产生较大的鸿沟。独立董事的引进，可以有效地改善家族企业内诸如此类的问题。由于独立董事既不是公司股东，也不是职业经理人，因此他们可以更好地保持独立立场。而且，独立董事作为第三方，可以更好地划清企业问题和家族问题的界限，可以更好地从大局观或者中立的角度看待企业问题，其提出的解决方案往往也有更好的客观性和说服力。因此，独立董事的引进不仅有利于解决企业存在的诸多敏感性问题，也有利于创造更加公平的环境。

其次，独立董事的引进，有利于解决家族企业中各成员之间的矛盾。

随着企业的发展与权力的交接，如权力交接到第二代、第三代之后，家族企业中家族成员之间的关系已不再是兄弟姐妹，而是更为复杂的近亲与远亲的关系。在这个过程中，家族企业的家长式管理的弊端不断显现，成立家族委员会的必要性和重要性也不断增加。

家族企业发展过程中，不仅家族成员和非家族成员之间会产生矛盾，家族成员之间也会产生矛盾。以笔者经历过的企业案例为例，有一家企业创始人退去之后，接管企业的两兄弟的矛盾快速升级，原本经营良好的企业不到5年就陷入了困境。以笔者跟踪的情况来看，接管企业之后，并不是兄弟之间感情本身有多大裂痕，而是两兄弟对企业的经营发展有不同的看法。这种分歧随着企业经营的持续进一步加大，最终导致一个企业出现两班人马，谁也不服谁，各干各的活。这也导致企业中股权占比不大的叔父和妹妹也被迫站队。这家企业出现此类问题，跟没有成立家族委员会有较大的关系，也跟没有形成较好的公司治理结构、没有引进优秀的独立董事有关系。如果这家企业在第一代创始人掌权时就建立了家族委员会，设计了家族内部矛盾处理制度，或者引进了优秀的独立董事，或许能避免此类情况的出现。

在家族企业中，家族成员之间产生矛盾时，其他股东和董事常常会左右为难。

此时，他们的任何表态都可能不利于自己，其结果更可能是被迫站队或从保护自身利益的角度来谈条件，这都不利于企业矛盾的解决和企业的长期发展。然而，独立董事则不同。他们不是企业股东，也不是企业员工，因此也没有被迫站队的必要。

而且，对于多数独立董事来说，其从企业获得的收入一般不是其主要的收入来源。多数企业的独立董事往往是阅历丰富、足够专业，甚至是有一定声望的人士。对于他们来说，担任独立董事而获得的收入，可能连其全部收入的零头都不足。因此，他们处理问题时，更容易考虑自身的名誉，也更容易保持客观公正的立场，提出有利于企业发展壮大的方案。况且，一位阅历丰富、足够专业，以及德高望重的人士，提出的建议往往也有更强的说服力，进而有利于企业矛盾的缓和和解决。

家族企业在经营发展过程中，家族成员之间产生矛盾和分歧是十分常见的事情。其中，有些矛盾是利益分配上的矛盾，有些矛盾则是管理思维和战略方向上的矛盾。每个人的成长环境不一样，所受的教育不一样，而且可能会有代沟，看问题的角度和思考方式也会有区别，因此家族成员之间产生冲突就是不可避免的事情。

当家族成员之间的矛盾不仅涉及家族成员利益，还涉及企业本身利益的时候，独立董事就可以起到重要的作用。由于独立董事立场独立，有专业的知识，有丰富的阅历及一定的声望，因此可以更好地解决此类问题。

企业的发展跟一个人的成长颇为类似。一个人在成长过程中难免会遇到这类那类问题，如心理问题、健康问题、财务问题等。企业也是如此，面对各种问题时，企业负责人可能会不知所措，甚至束手无策，因为他们可能是第一次创业，也可能是第一次遇到此类问题。但独立董事并非如此，他们在职业生涯中，或许已经经历过诸多类似的事件。

因此，如果企业中有阅历丰富的独立董事，那么当企业遇到困难的时候，他们就可以帮助企业更好地渡过难关。而且，阅历丰富的独立董事，可以帮助企业提前考虑发展中可能会出现的诸多问题，让企业提前发现雷区，较早地准备和布局。

再次，独立董事的引进有利于家族成员的成长。

如果一家企业能够引进阅历丰富、足够专业的独立董事，则非常有利于家族成员的成长，尤其有利于年轻家族成员的成长。年轻的家族成员在独立董事处理问题、思考问题的过程中可以学到不少知识，在共同探讨问题、共同解决问题的过程中会快速成长。

最后，独立董事的存在有利于家族企业吸引人才。

企业发展壮大过程中起到关键作用的是人才，中国从粗放式发展向高质量发展转型过程中更是如此。

如果一家企业家族气息较浓，则很难引进优秀的人才。在相同的薪酬福利待遇下，多数有能力的人会更倾向于选择非家族企业。毕竟，在家族企业工作常常会遇到看家族成员脸色和各种左右为难的情况。而且，社会对家族企业的刻板印象也是很多人不愿意加入家族企业的重要原因。多数求职者除了关注薪酬福利待遇之外，还会十分关注他人对自己的评价。相比非家族企业，家族企业更容易给人留下不好的印象，如不少人会觉得进入家族企业自己的事业前途会受限；家族企业工作环境不规范，任人唯亲，自己可能要忍气吞声；进入家族企业会让一些人产生做"佣人"的感觉，而不是企业"员工"的感觉等。

随着企业的发展壮大，企业会需要更多优秀的人才。这时候家族企业会先从自己的亲朋好友中选聘合适的人才。但一个家族的资源禀赋终究有限，企业想要进一步引进优秀的人才，就不得不向社会招聘。而社会对家族企业的刻板印象使得家族企业需要大量的专业人士和职业经理人的时候，往往会遇到更多困难。这也是国内外很多家族企业在招聘的时候，做企业介绍时尽量淡化家族因素的原因。

独立董事的存在可以在一定程度上解决这些问题。一是独立董事的存在，实实在在有利于企业治理规范和企业管理的公平性，更容易创造出人才发挥自己才能的平台；二是如果一家公司有多名独立董事，尤其有良好口碑或德高望重的独立董事，则更多的人会认为这家企业经营和管理比较规范。自然，企业股东在人才的引进和招聘上，也会更加得心应手。

四、家族成员责任承担及抗风险机制的建立

家族企业和非家族企业的不同之处是非家族企业的主要目的是为股东创造收

益，但是家族企业常常作为家族事业的一部分，除了要给股东带来收益之外，还承担着家族责任，如给家族成员提供就业机会，当家族成员出现困难时提供帮助等。也正是因为家族企业有这一机制，它才能保持较强的凝聚力和生命力。

除此之外，家族企业在传承与发展的过程中，难免会遇到家族资产的继承者能力不足、不称职的情况。而且，家族成员婚姻关系变化等问题也有可能给家族事业和家族资产带来损失。这都要求一个家族要具备一定的风险意识，建立相应的风险防范机制。

那么，家族企业应该如何解决这类问题呢？

对于一个家族来说，建立一个能给家族成员提供支持，以及当家族成员遇到困难时可提供帮助的机制是一个家族生生不息、把家族事业做大做强的不可或缺的因素。但是，帮助家族成员的责任和义务不应该全部让企业承担，大部分应该放在企业之外，如采取组建家族委员会，以及设立家族信托和家族基金、购买保险等方式。对于家族成员风险的防范也是如此。

以信托工具的应用为例。信托是指委托人基于对受托人的信任，将其财产权委托给受托人，由受托人按委托人的意愿，以自己的名义为受益人的利益或特定目的，进行管理和处分的行为。信托工具的良好运用，可以缓冲家族成员面临的风险，缓解家族成员之间产生的冲突，有利于家族财富的保护和传承，也有利于家族企业的健康发展。

比如，某个家族企业大股东的继承人确实不大适合继承家业，在这种情况下，大股东可以通过信托给子女留下没有表决权的股票，让子女只享受股票的分红权。关于公司重大事务的表决，可以让有能力的家族成员或其他可信赖的委托人来完成。这有益于防止继承人挥霍家族财产，也可防止继承人变卖企业股权导致家族企业衰败。对于确实不适合继承家业或者兴趣爱好不在接管企业的家族成员，还可以设立终身利益信托。终身利益信托是指受益人在有生之年可以享受信托收益，但是无法获得信托财产的信托。此类信托有益于财富在隔代之间的传承，有利于家族的繁荣和昌盛。

除此之外，信托还可以集中管理家族企业的股权，避免股权分散或者变卖而导致家族企业衰败。比如，针对子女的婚姻，父母通过设立信托，指定子女及伴侣双方为受益人，并约定如果婚姻破裂，另一方不再享有受益权。这不仅有利于保障子女的生活，有利于子女通过自身努力来积累财富，更能防止家族财富流失。由于信托能够分离财富的所有权和收益权，能够对财富使用形式产生约束，因此它不仅可以防止家族财富流失，还可以保障子女生活，帮助落难家族成员（失业、疾病等），以及赡养老人。

家族基金也是如此。设立家族基金不仅有益于家族资产的保值和增值，也有益于帮助家族成员。很多大家族都设有家族基金，其中有些基金由家族委员会管理，有些基金则由专业的第三方机构管理。

百余年来，家族信托和家族基金在西方家族财富传承中扮演了重要角色。通过巧妙的架构设计和专业的配置方案，家族信托和家族基金帮助很多家族实现了财富的保值、增值和传承，家族继承人的筛选和培养，以及家族使命感和家族精神的传承。

总体来看，对于家族企业来说，随着其发展壮大，帮助家族成员的责任和义务不应该主要通过企业的资产来解决，而是应该通过组建家族委员会，设立家族信托、家族基金等方式来解决。只有这样，家族企业才能建立更为完善的企业治理体系，吸引股东、吸引人才，增强家族成员的凝聚力。自然，这种企业更容易成为长青企业，这种家族更容易成为长青家族。

第三节　家族企业经营特性及治理模式的选择

家族企业顺利进行代际传承是企业基业长青的基本保障。如果家族企业的代际传承能平稳过渡，那么该企业就有更好的条件在下一代中夯实基础，也可以更顺利地进入下一个发展阶段。

在家族企业的代际传承中，根据接班人是否负责企业的经营管理，即是否担任企业的 CEO 或总经理，企业治理模式可分为内部型治理模式和外部型治理模式。

内部型治理模式是家族成员不仅通过股东大会和董事会来影响企业的决策，

还会直接负责企业的经营管理。这时候企业的经营负责人是家族成员。

外部型治理模式是家族成员主要通过股东大会和董事会来影响企业的决策，而不直接参与企业经营管理的模式。这种情况下，家族企业的成员可能会担任董事长，但不担任 CEO 或总经理。负责企业经营管理的是职业经理人。

那么什么样的企业比较适合内部型治理模式，什么样的企业可以采取外部型治理模式呢？

首先，内部型治理模式比较适用于企业的亲情化管理阶段。随着企业发展壮大及规范化程度的提高，内部型治理模式的必要性会减弱。与其说内部型治理模式比较适用于企业的亲情化管理阶段，不如说尚处在立足阶段的企业不得不选择内部型治理模式。其原因在于，企业在发展早期，往往缺少明显的竞争优势，生存和发展更多的是靠特殊客户、特殊渠道和特殊方法。比如，这类企业的客户和供应商是家族成员的亲朋好友，或者客户是海外客户，跟这家企业合作愉快，暂时没去找其他合作伙伴等。在这个阶段，如果企业的客户和供应商信息外流出去，那么得到这些信息的人很容易就能自立门户，成为这家企业的竞争对手。也正是这个原因，此类企业的家族成员不得不亲自负责企业的经营，牢牢抓住企业经营的关键环节，如销售、采购、财务等环节。这类企业只有到了其生存和发展不依赖于少数客户和供应商，而是其产品本身有特色，或者已具备产品、技术、研发、渠道、采购、营销等方面的综合优势的时候，才有可能下放企业的经营管理权。

在这方面，有些企业比较幸运，在不到 10 年、20 年的时间里已经具备了一定的规模，形成了各方面的"综合优势"，或者制造出了差异化的产品，其业务开展也不局限于少数的供应商和客户。但有些企业可能发展较慢，不要说第一代，到第二代都未能建立起企业的"护城河"。对于此类企业来说，下放企业的经营管理权存在一定的风险，企业的经营负责人自然要由家族成员来担任。

但是，企业想要长期生存，就不能一直依靠少数人，而是必须要建立起企业的"护城河"。只有这样企业才能不依赖少数人员，而是动用更多的力量来发展壮大。

以西门子为例，西门子创立于 1847 年，是一个有着近 200 年历史的老牌企业。

西门子家族在长达一百多年的时间里,一直都控制着企业,企业的经营管理主要也是以家族成员为核心。"二战"之后,伴随着第三次技术革命的兴起,企业发展中人才的重要性进一步增加,原本以家族为核心的增长方式也出现了瓶颈。为此,1968年,西门子打破了创始人维尔纳定下的以"家族"为核心的传统,迎来了西门子历史上第一位外姓人CEO。此后,西门子进入了职业经理人时代。

在企业发展历史中,西门子并不是个例。很多家族企业都经历了亲情化管理到规范化管理,内部治理到外部治理的发展过程,在这方面,杜邦、保时捷都是很好的例子。根据麦肯锡的调查结果,美国有一半以上的家族企业采取的都是外部型治理模式。

其次,内部型治理模式比较适用于小而美的企业,以及家族特色是企业竞争力来源的企业。小而美的企业往往是有自身独特"护城河"的企业,只有这种企业才有可能在激烈的竞争中独善其身。这些企业处在特殊的地理位置,可能有独特的产品配方,可能已经是当地老字号企业,在一定区域内家喻户晓等。这些企业或许难打开新的市场,却可以很好地守住自己的领地。对于此类企业来说,采取内部型治理模式或许是不错的选择。其原因在于,小而美的企业规模不大,可采取亲情化管理(看得见的管理)。而且对于这类企业来说,家族成员亲自负责企业的经营管理,反而有益于管理效率的提高和企业凝聚力的增强。

日本、美国、法国、意大利、西班牙等国家中有大量小而美的长寿企业。不少这类企业采取的都是内部型治理模式,即家族成员会直接负责企业的经营管理。他们不仅兢兢业业地负责企业的经营,也管控着企业生产经营中的每一个细节。此类企业或许规模不大,但却可以代代相传,往往是某个细分领域的佼佼者或者隐形冠军。

除此之外,家族特色是企业竞争力来源的企业也比较适合采取内部型治理模式如家族风格、家族经营理念,以及家训、家教等是企业核心竞争力来源的企业。例如,有些产品的设计有家族特色,有些产品的服务有家族特色,有些家族的经营理念有家族特色,一些家族企业强调干净、顾客至上、工匠精神等,并对这种精神有传承下来的独特理解并体现在其产品上。对于这类企业来说,它们的特色恰恰是客户能对该企业的产品保持忠诚的重要因素。如果一家企业的经营特色来自这些,那么最好是家族成员参与企业的经营管理。因为,只有参与经营管理才能抓住细节,只有抓住细节才能把抽象的价值观传达出去,进而形成以抽象价值为基础的产品竞争力。

很多时候,外部人员(包括消费者和企业员工)可以感受到家族企业的某种特色是这些企业的竞争优势,但到底哪一点与众不同,却很难准确地表达和总结出来。但是,家族成员却不同,家族成员可以轻易地感受到其中的微妙区别和各种细节,并能通过管理把这种细节和区别展现出来。

当然,那些家族特色明显的企业,往往是权力已交接到第二代,甚至是第三代之后,建立起诸多潜移默化的规矩和价值观的企业。其原因在于,一个企业形成某种经营理念、形成某种特色并不是一蹴而就的事情,需要经过漫长的过程。多数企业在第一代阶段可能形成了一定的特色,但这种特色多半处在雏形阶段,只有通过第一代、第二代、第三代的不断积累、试错、调整、优化才会形成细节丰满、特色明显的企业。而且,一个家族企业的使命感和责任感往往从第三代开始才能较好地表现出来。对于多数家族企业来说,第二代接班人的责任感不一定很强,但是到了第三代之后往往会产生沉甸甸的责任感及使命感,他们会加强家族企业的企业文化和经营特色。

第四节 日本企业的长寿基因

日本是全世界长寿企业,尤其是小而美的长寿企业最多的国家,而且这些长寿企业当中很大一部分是家族企业。日本很多地区百年以上的企业占比超过3%,其中京都府、爱知县、大阪府、北海道等地更是百年以上长寿企业的聚集地。

更有趣的现象是,日本很多小而美的家族企业中,有采取规范化治理方式的企业,但也有很多未采取规范化治理方式的企业。比如,大量的日本长寿企业不要说有规范化的董事会,连企业的所有权和经营权界限都不是十分明确,采取的依然是家长式管理方式。这些企业每一代的家长(继承人)不仅要决策企业的发展战略,还要亲自负责企业的日常经营管理,并决定分配。然而,这些企业就是靠这种方式传承了 100 年，甚至是 200 年及以上。

关于规范化企业治理，即以董事会为主的公司治理的好处，上面已有讲述，如有利于企业的融资，有利于引进人才，有利于发挥集体智慧等。从企业传承角度来看，采取以董事会为主的治理方式，可以选择有能力的负责人（董事长或总经理）来引领企业的发展。这有利于避免因大股东的继承人能力不足而无法带领企业发展的风险。

然而，很多日本百年以上的中小长青企业却反其道而行之。这些家族企业并没有采取以董事会为主的治理方式，而是由一代一代的继承人来负责企业的战略制定，负责企业的经营，而这些企业却依然能保持旺盛的生命力。从某种角度来看，日本家族企业的这种奇特现象可能让人觉得与知识经济时代格格不入。

那么，为什么日本很多企业没有采取规范化治理方式，依然可以矗立不倒，并能长期生存下去呢？笔者认为，这跟日本与众不同的"家"文化，以及其独特的经营方式和经营理念有很大的关系。

一、日本的"家"文化

（1）日本"家"文化与"家业"的继承

日本和中国都是受儒家文化影响较深的国家，而儒家文化强调家庭利益高于个人利益，所以这两个国家都表现出以"家"为中心的发展方式。

但是，对于这个"家"及"家业"的理解，日本和中国却有明显的不同。比如，中国人对"家"的理解更多的是以血亲和姻亲为基础的人员组织，而日本人对"家"的理解则不局限于血亲和姻亲，他们也可以接纳没有血亲和姻亲关系的人作为家人。因为，从日本的文化传承来看，在日本的"家"中，占核心地位的不是"人"，而是"家"本身。尤其对于有"家业"的日本家族来说，家名和家业的延续比血缘的延续更加重要。因此，日本人可以为这个"家"模拟出血缘关系，以保其家名和家业的延续。

在中国人眼里，血脉的延续比家业的延续更加重要。也正因如此，当血脉和家业只能二选一的时候，多数人会选择先保血脉再保家业。而且中国人相信，即使失去家业，但只要血脉能够延续，终有东山再起之日。但日本文化却有所不同，当家业和血脉产生冲突的时候，日本人更倾向于选择家业而不是血脉。正因如此，他们更加关注"家"这种组织的生存和延续。在日本人眼里，"家"是其组织成员赖以生存与发展的基础。如果"家"存在，家业就会存在，其组织成员就可以更好地生活，但如果"家"破，那么其组织成员就会流离失所，多年积累的家族名声、家族技艺，以及在发展过程中积累下来的谋生优势也会随之消失。

而且在日本，尤其在古代的日本，"家"是对外沟通和交流的单位，诸多合作是"家"和"家"的合作，而不是人和人的合作。因此，在日本"家"代表的是一种社会关系。外界跟某个人产生合作的时候，往往先想到的是这个人所属的家族，然后再考虑这个人的特色。这种外部环境也要求，一个家族不得不更加重视家业和家名。从家族企业和家族事业的角度来看，这种文化或理念直接影响的是"家业"的传承。

中国人普遍的认知是"不孝有三，无后为大"，无后是极其可悲的事情，从中也可看出中国人对血缘关系的重视。但是在日本，血缘观念不像中国那么强，他们更强调的是"共同体"，即共同生活和发展下去的组织。从家族事业的角度来看，"家"和"家业"也是属于共同体。

受历史文化观念的影响，日本家族企业对家业的情感远远超出对血缘关系的重视。在这种思维模式的支配下，家主的位置一般会从父亲传给长子，但长子的角色可以由没有血缘关系的人担任。只要有利于家业的延续，日本家族企业宁可传位给没有血缘关系的人，养子和招婿（婿养子）[①]是其主要的形式。比如，日本古代诸多武士家族、商人家族、艺伎（歌舞伎、茶道、匠人等）家族，为了保家名和家业，收纳了无血缘关系的异姓人为家业继承人。在近代和现代，大量的商人和财阀家族，如我们所熟悉的"三菱家族""三井家族""住友家族""松下家族""丰田家族"，在

[①] 婿养子是通过招婿而成为养子的人，其身份既是女婿，又是养子，其主要目的是传承家业。在中国，女婿是女婿，养子是养子，女婿和养子不可能是同一个人。这是日本和中国招婿的不同之处。在日本，女婿上门后改称妻家的姓，就成了婿养子，就可以顺理成章地继承妻家的家系与家产，成为名副其实的嗣子。

传承过程中都存在非亲生子女担任继承人的情况。如仅在 1900 年到 1945 年，三井总领家、五本家、五连家共 29 位家长中，就有 6 人是养子。[①] 根据一些学者的统计，在日本有一定家业的阶层中，由养子来继承家业的比例高达 20%。

在中国，如果子嗣无能力接管家业，那么中国人更多的是找"老臣"和有能力的年轻人来辅佐家族的子嗣。在没有子嗣的情况下，中国人会收养养子，其目的主要是弥补血缘关系的缺憾，以解断嗣之忧，而且还有"异姓不养"的限制，这样可以避免引起不必要的争端。但日本却不同，日本对养子的选择，不受限于有没有子嗣，也不关注同姓或异姓，只注重其有无维持家业的能力。为了家业的延续，日本的家族可以收养无血缘关系的异姓人，甚至是仆人、管家也可以被接纳为家庭成员。在这种文化背景下，日本家族即使出现没有血缘关系的养子继承家族企业的情况，有血缘关系的子女也不会反对，反而会认可。如果出现不愿意接受现状的子女，那么更可能的情况是他们离开家族另谋生路。当然，在日本，养子继承家业并经营家业的过程中还有一种文化起到重要的作用，那就是"恩"文化或"忠"文化。

（2）日本集体主义意识与共同体意识

我们都知道日本是集体主义意识非常强的国家。日本的集体主义意识表现在日本人思考问题和处理事情的时候，能够做到先考虑团体再考虑自己，先考虑他人再考虑自己。这是他们传承下来的文化也是从小接受的教育。在这种文化的传承和教育的贯彻之下，日本人更容易在所属的团体中找到归属感。

日本人的集体主义意识在诸多行为中都能得到印证。比如，日本人介绍自己时，首先强调的是自己所属的组织、此行的目的、自己所做的业务等。关于这方面，不只是大企业的员工如此，中小企业的员工也是如此，企业的高管如此，企业的一般员工也是如此。即使他们有必要介绍自己的职位等信息，其着眼点也更多地放在所属组织的利益，而不是个人的利益。

集体主义意识最弱的是欧美国家。因为这些国家对团体的认知更多的是以个

[①] 李卓.养子之制与近代日本企业的发展——兼谈中日两国对血缘关系的不同认识[J].日本学刊，1998:119-120.

人主义和契约精神为基础。从这个角度来看,中国的集体主义意识强弱处于日本和欧美之间。

其实,日本集体主义思维就是日本"家"文化的一种表现,或者说本身就是一种更大的"家"文化。在这种集体主义思维下,日本人更容易把自己所属的组织当成一个"共同体",甚至是"家",而不仅仅是工作的场所;日本的各种组织团体,也更容易把团体中的成员当作家人,而不仅仅局限于劳务关系和合作关系。

终身雇佣、年功序列和内部工会制度是日本"家"文化的一种表现。这些制度的搭建是一种亲缘关系的模拟,即主张的是"企业即家族",应按照"家"的运行机制来经营企业。比如,终身雇佣是模仿维持一生的亲子关系来对工人"终身"雇佣。年功序列是依照兄弟姐妹之间的长幼之序实行以"年功"为主的工资,而不是像美国、中国一样实行以绩效为主的工资。除此之外,日本企业像父母对子女履行教育义务那样,对员工进行全面的培养和训练,并对员工对像家人一样提供全方位的福利制度。在这种"家"文化下,日本人相比斗争性更强的产业工会和行业工会,更愿意接受的是企业内部工会,当企业员工和雇主出现矛盾时,更多的是协商解决而不是斗争解决。

再以日本的福利制度为例,跟多数欧美国家以国家为主的福利制度不同,在日本的福利体系中,企业的福利起到十分重要的作用。日本企业福利制度的最大特点是日本企业福利不仅涵盖员工本人,更是涵盖员工家属。比如,日本多数条件允许的企业会给员工提供住宅、医疗、养老、子女教育、日常购物等全方位的福利保障。笔者有个远亲在日本工作,其父母每年都能拿到来自儿子就业企业的一笔资金(类似慰问金),生病的时候还可以通过这家企业来报销医药费。

日本很多企业在"企业即家族"理念下,愿意给员工高工资高奖金。如在终身雇佣制盛行时期,日本大多数企业在一年中分冬、夏两季发放奖金,额度一般占员工年收入的20%左右。当企业业绩好的时候,企业对员工也十分慷慨,全年奖金可达到6~8个月的人均工资[1]。

除此之外,在"企业即家族"理念下,日本不提倡家庭成员之间过高的收入

---

[1] 阚治东. 日本公司企业分配制度简介[J]. 外国经济与管理,1989(04):23-24.

差距，因此日本企业的员工之间，员工和管理层之间的收入差距并不像美国和中国那么大。在这种分配制度下，日本一度成为全世界贫富差距最小的国家之一。

由于日本企业的员工本身就有较强的共同体意识，而且多数企业更多地把员工当成家人看待，因此日本企业的员工工作会更加认真，做事情时更多会从企业的角度出发进行考虑。

笔者在上一部著作《投资护城河——经济环境变化与企业竞争力重塑》中较多地讲述了制度对产业和企业竞争力的影响，但这本书确实缺乏对文化因素的考虑。毋庸置疑，制度是最直接影响人的价值观和行为模式的因素，进而会改变企业的治理方式、生产理念、推广策略等。但是，还有一个更深层次的因素，那就是文化。如果当文化和制度相辅相成，制度的建设和事业的推进会事半功倍。相反，文化和制度相互排斥的时候，那么制度的执行就会变样，各种制度会产生适应性调整，如会出现诸多潜规则等。考虑到《投资护城河——经济环境变化与企业竞争力重塑》的不足，笔者后续会以这本书为基础，再出版一本深度探讨制度、文化与产业竞争力之间关系的书籍。

总体来看，日本与众不同的"家"文化，以及在这种文化下形成的种种制度是日本有那么多长寿企业的重要原因。在大范围的"家"文化下，日本企业中一起共事的员工都有较强的共同体意识，企业有较强的凝聚力和团结力，这不仅可以提高企业的运营效率，降低道德风险，更有益于大家为长远目标而奋斗。家族企业的情况下也是如此。在日本的"家"文化下，日本家族相比血缘会更加重视家业，因此当出现有血缘关系的家族成员不足以支撑家业的情况时，日本家族也更容易接受没有血缘关系的人继承家业，进而保证企业的活力和生命力。

二、愚直、量力经营、报恩、企业乃社会之公器

从外部来看，日本的"家"文化是日本更容易出现长寿企业，尤其容易出现长寿家族企业的重要因素。但从内部来看，日本多数企业都有着相似的思维，处在相同的文化氛围中。因此对内来说，"家"文化并不是有些企业更长寿和脱颖而出的因素。

那么，同样是日本企业，为什么有些成了长寿企业，有些则没有呢？日本长寿企业都有哪些共性呢？关于这一点，日本长寿企业研究第一人，日本经济大学研究生院特聘教授后藤俊夫在《工匠精神——日本家族企业的长寿基因》中，进行了较为贴切的总结。后藤俊夫教授在此书中将日本企业的长寿秘密归结为四点，即"愚直""量力经营""报恩"和"企业乃社会之公器"。

（1）愚直

"愚直"是指对某件事情以不考虑得失为前提的极端追求。愚直与认真意思相近，当认真的程度很强的时候就会变成愚直。

"愚直"是存在于日本的较为特殊的现象。日本人的愚直精神并不是近代文明的产物，而是很早就存在的一种思想。在愚直思想下，日本人可以不考虑事情的对错，可以不计成本、不计后果地付出，在特定情况下即使付出生命也在所不辞。在这方面，日本的武士道精神就是典型的例子。从文化层面来看，"愚直"思想是日本"恩"文化和"忠"文化的产物。

众所周知，日本是公认的工匠之国。这不仅跟日本一直以来都比较重视"匠人"有很大的关系，也跟日本的"愚直"思想有很大的关系。一般情况下，工匠精神为主的企业更容易拥有较长的寿命。有工匠精神的产品或许不是技术含量很高的产品，但其细节上的人性化很容易得到消费者的认可。如指甲剪、吹风机、马桶盖、保温杯，这些都不是技术含量很高的产品，但日本产品却充满着人性化的细节，能让客户满意，感觉到温馨和安心。此类企业或许短期内可能入不敷出，但是长期来看则会留下良好口碑。

与此相反，产品的竞争力是新产品、新模式、新技术的企业，如果发明创造和更新换代速度慢，则很容易被淘汰。这其实也是日本企业和美国、中国企业产业竞争力特性不同的地方。如美国在新产品、新模式、新技术为主的发展模式下，企业的更新换代也相对较快，而日本在工匠文化为主的发展模式下，企业的更新换代较慢，更多的是长寿企业。

当然，日本人这种"愚直"思想和"工匠"文化能长期存在，不仅要有文化的支撑，也要有客观环境的允许和制度的支撑。从近现代日本的情况来看，日本的终生雇佣、年功序列和内部工会制度都不以结果导向,而是更加关注过程,更加关注协同的管理制度,以及良好的薪酬福利待遇,从而给员工提供了能够保持"愚直"和"匠心"的客观环境。

中国人一般不具备"愚直"思维。对于绝大多数中国人来说,相比"愚直",更容易接受的是"因为看见,所以坚持",即有明确的目标和可预期的结果才愿意付出。由此可看出,中国人做事情有更强的目标性和实用主义性。

（2）量力经营

"量力经营"是指企业在经营时不进行超过自身能力范围的规模扩张,不盲目冒险。"量力经营"不仅是日本长寿企业的秘密,也是世界各国长寿企业的秘密。

"量力经营"有利于企业踏踏实实做事,而不是好高骛远。量力经营这种经营方式有利于提高企业经营资源的利用效率。如果一家企业过于期望在短期内取得成就,那就很容易出现过度投资,产能使用效率下降（坏账、不良库存、设备闲置等）,负债率提高,经营现金流变差,人均产出下降等问题。更为严重的是,短期成就的思维也容易导致决策失误。

在日本,经营百年以上的企业往往都经历过诸多风雨,除行业周期外,很多企业都经历过经济萧条、战争、自然灾害等重大事件。在行业周期和经济萧条期中,懂得量力经营是那些企业能够幸存下来的重要原因。尤其,日本很多百年企业都经历过重大地震和火灾,并在废墟中重新站了起来。在这种灾害面前,资产使用效率不高的企业往往再无回天之力。因此,日本企业更注重量力而行的思维。

相比量力经营和细水长流,中国人更容易接受的是"王侯将相宁有种乎"的思想。这种思想或许有利于做出开天辟地的伟业,但却不利于企业的长期生存。因为在这种思想下产生的行为的背后,往往是巨大的风险。当然,中国还有一个词叫作东山再起,但在家族事业没落的情况下,想东山再起是何等困难的事情。

（3）报恩

"报恩"指的是对自己有恩的利益相关者及社会进行持续性的报答。

日本的"报恩"文化并不是长寿企业独有的特性,而是日本人普遍都认可的思想。日本人的报恩思想在其日常行为中都有所体现。比如，日本人只要受到一点点帮助都会感谢对方，也会时常买小礼物来回馈对方。

日本人的这种报恩思想不仅跟儒家文化有关系，也跟多灾多难的国情有关系。众所周知，日本是自然灾害高发的国家。在这种环境中，一个民族想要繁衍生息下去，人们只有相互帮助、相互依靠才能更好地渡过各种难关。

企业的生存也是如此。日本很多百年企业在长期经营的过程中都经历过地震和火灾，这些企业能够重新站起来，固然有员工团结一致的心，也少不了周边人的帮助。这或许也是后藤俊夫把"报恩"当作百年企业重要因素的原因之一。

上面讲过日本企业的传承方式。很多日本企业在特殊的"家"文化下，可以把家业传给没有血缘关系的人。跟日本"家"文化互补的是日本的"恩"文化和"忠"文化。受"恩"文化和"忠"文化的影响，那些没有血缘关系的继承者，继承企业之后不会把企业当作自己的江山，而是会感恩大家庭，感恩户主，忠于家族，并把自己真正当作家族中的一员，兢兢业业地把企业经营下去。

此外，正因为日本有这种"家"文化和"恩"文化，大量的中小企业即使不依靠规范化的公司治理，不依靠家族信托、家族基金、家族委员会等，也能顺利把家业一代一代传承下去。

如果进一步研究会发现，很多国家都有"报恩"文化，但日本的"报恩"文化跟其他国家却有所不同。

以中国为例，中国文化也强调报恩，强调知恩图报。但中国的报恩对象更多的是人，尤其是对自己施恩的人。而且，中国的"恩"跟"仁"对应，即"你不仁，我不义"。而日本的报恩，并不只强调对自己施恩者的报恩，还包括对组织的报恩，以及对周围环境的报恩。

报恩文化在西方国家（如新教国家）也存在，但与日本和中国的报恩又有明显的区别。西方人的报恩，更多的是感恩和回馈社会。

以美国为例，美国很多企业家和成功人士也有报恩思想。但与其说他们是报恩，不如说更接近于感恩和回馈社会。美国一直以来是第三次分配最为活跃的国家。无论是20世纪的洛克菲勒、卡内基、摩根等诸多成功人士，还是当今的比尔·盖茨、巴菲特等都毫不吝啬地把自己的财富回馈给社会。在美国，不仅成功人士和富豪愿意回馈社会，一般民众也十分愿意回馈社会，例如，他们十分愿意参加义务劳动等。

但美国跟日本不同的是，美国人回馈的社会是更为抽象意义的社会。正因如此，美国人回馈的对象很可能是跟自己毫无关系的人或组织，甚至是其他国家的弱势群体，例如，美国成功人士会资助落后国家建立图书馆、医院、学校等。而日本人的报恩更倾向于较小的社会，如跟自己有利害关系的人和父老乡亲等，是看得见摸得着的社会。

从现代文明的角度来看，成功人士乃至一般公民，懂得感恩和回馈也是经济文明进步的表现。当然，感恩和回馈心态的形成也要以法治和公平竞争环境及公民意识的提高为支撑。

（4）企业乃社会之公器

"企业乃社会之公器"是指企业要做有利于社会的事情，而不能因私利熏心做出不利于社会发展的事情。笔者认为，"企业乃社会之公器"不仅是日本企业长寿的秘密，也是放之四海而皆准的长寿企业秘密。

企业想要长期生存下去，就要做有利于社会的事情，有一颗为员工、顾客，乃至竞争对手及社会奉献的心，并且要长期坚持这么做。企业不能因私利熏心做出不利于社会、不利于客户、不利于员工的事情。那些通过损人利己的方式获得成就的企业，短期内或许能获利，但却很难长期立足。

一个人一时的成功可能需要的是机遇、胆识、魄力及智慧，但这个人要想一直得到认可，那么更为重要的就是品德。企业也是如此，企业想要长期生存下去，也要积累品德。其中，做对社会有用的事情，能促进社会的发展就是企业的品德，也是一家企业能够建立长期的良好名声和威望的重要因素。

杜邦就是典型的案例。杜邦在发展早期通过一定的机遇、技术的引进、特殊的政商关系、较强的宣传策划能力等取得了快速发展，但在发展壮大过程中也有过投机取巧，发过战争财，也发过国难财。正因如此，有人评价杜邦的发展是"饮血而肥"的发展。可是，随着企业的发展壮大，这种发展方式给杜邦留下了不好的名声。经历多次波折之后，杜邦逐渐意识到这些问题，不仅改变了主营业务，从火药生产企业变为化工企业，也开始更加重视安全、健康和环保、商业道德、尊重他人和平等待人等因素。随着这种变化的成功实现，无论是企业员工、客户，还是供应商都对杜邦做出了更为积极的评价，社会也对杜邦给出了更多正面的评价。

三、中国和日本情况对比

中国和日本有诸多相似之处，如都深受儒家文化的影响，都重视集体主义，都重视"家"文化等。正因如此，很多中国家族企业都希望能像日本家族企业一样，通过继承人参与企业经营管理的方式来一代代传承下去。

然而，中国和日本看似有很多相似之处，但是深入了解会发现它们还有很大的不同。因此，笔者认为日本企业的模式很难在中国行得通。

首先，中国和日本都重视集体主义，但是日本和中国对集体的认识不一样。中国人所认可的集体更多的是为了生存而需要依附的环境，而对于多数日本人来说集体要先于个人，集体和个人是共生共荣的"共同体"关系的思想早已深入人心。日本企业在这种集体主义和共同体思维模式下，往往能表现出更强的凝聚力，更高的管理效率及更少的道德风险。

其次，日本和中国对"家"和"家业"的理解也不同。日本人的"家"可以包含共同生存的环境，而中国人的"家"是以血亲和姻亲为基础的组织。这也导致中国人和日本人对"家业"的认识不一样。

在日本，家业的延续是一种"共同体"或"经营组织"的延续，是家名的延续，而在中国，家业的延续是血缘、血脉的延续。日本人更重视的是"家名"和"家业"，因此可以把"家业"传承给跟自己没有血缘关系的人，中国人更重视的是"血缘"，不大可能把"家业"传承给没有血缘关系的人。这导致中国家业的延续容易出现家族资源禀赋不足以支撑企业发展的情况。例如，在家业的继承和传承中出现不务正业、不善经营之人，那么祖辈千辛万苦积累下来的财富和家业就有可能因此而衰败。

最后，中国的员工不会把企业当作家来看待，一般也不具备"愚直""报恩"等心态。企业也是如此。企业可以采取亲情化管理方式，但是不会把员工当作家人来对待。例如，中国企业处理各种问题时，会先考虑核心股东和家族成员的利益，很少会先考虑一般员工的利益。种种不同因素都表明，中国企业想要长青下去，不能照搬日本企业的经营思维和管理模式。

从某种角度来看，中国人对企业的理解更像美国人对企业的理解。中国人一般认为，企业是为股东创造利益的组织，而不会像很多日本人一样，认为企业是股东和员工的共同财产。而且，中国多数民营企业的经营思维和所处的环境，如管理方式、激励特性、融资环境、生存方式都更接近美国企业的特性。比如，在激励机制上，相比年功序列，中国企业更重视员工的贡献，相比过程更看重绩效。又比如，在融资环境上，中国民营企业更多依赖于直接融资而不是间接融资，而且银行也不参与企业的治理等。

因此，除了少数有特殊"护城河"的企业之外，多数中国企业想要长期生存下去，那么最好还是要逐渐采取规范化治理方式，如清晰经营权、控制权、所有权的界限，逐渐建立起集体决策的环境等。除此之外，中国家族企业想要长期生存下去，也要用好家族委员会、家族信托、家族基金等工具。只有这样，这些企业才能防范继承人能力不足的风险，进而保持长期的竞争力。

第五节　长青企业的意义与财富的归宿

本书已经接近尾声，只剩下最后一些问题。那就是为什么要成为长青企业呢？长青企业的意义又在哪里呢？我相信这些问题是每一个企业家都思考过的问题，因为它们最终涉及的是财富传承的意义。

举一个简单的例子。同样是10亿元的资产，父母应该给子女留下企业还是留下现金呢？如果父辈认为现金比企业重要，那么父辈的选择应该是在合理的时间把企业卖掉，给子女留下现金形式的资产；如果父辈认为企业比现金重要，那么父辈就要想方设法建立起长青企业。回答类似问题，每一个传承人只有找到能够说服自己的答案时，才会在财富传承的过程中表现出行为的坚定性。

那么对于企业家或实控人,尤其对于家族企业来说,长期发展导向的意义何在呢？留给子孙后代长青企业和一笔资金又有什么不同呢？从笔者的角度来看,相比继承货币性财富,企业的传承更有利于子孙后代的长远利益。

第一,长青企业有益于提高子孙后代对财富的认知,及对财富的管理能力。

一般情况下,现金形式的财富往往缺少稳定性。如果父辈给子女留下的只是一笔现金形式的财富,那么这种财富很容易挥霍完。举一个例子,假设子女从父辈那里继承了充足的现金,但却发现这些现金在自己手中不断消耗,非但不增值,甚至因通货膨胀等还在贬值的时候,就会产生强烈的不安感和焦虑感。而且对于多数继承者来说,当手中的资产贬值,外加不如父辈的自卑感或者想要超越父辈的心态在作怪时,他们很容易做出盲目和冲动行为。尤其继承人没有稳定且热爱的事业,缺少专业的技能,没有充足的自我收入,其生活和生存更多地靠父辈留下的资产来维持的时候更是如此。因这种焦虑,他们会冲动投资,盲目理财,其结果可能是短短几年就消耗完父辈留下来的家产。当一个人的财富贬值时,他会出现焦虑心态和做出冲动行为,这是人性的弱点,也是笔者从事金融行业以来对诸多案例最为深切的感悟。

财富管理能力往往不仅是某项技能,更是一种综合能力,是一个人在社会阅历不断丰富、对政策环境和经济环境理解能力不断提高之后慢慢具备的一种思维。如果缺少这方面的能力,个人就很难进行独立思考和独立判断,在财富管理上也容易产生焦虑,容易轻信他人。

然而,如果父辈留下来的是稳定的企业,或者是一份家族事业,那么就可以很好地避免这类问题的出现。一方面,企业的稳定收入可以打消子女的焦虑心态；另一方面,子女在处理企业事务的过程中也可以全面锻炼各方面的能力,例如,子女在参加企业的股东会和董事会,参与制定企业的战略决策、经营策略或者参与企业的经营管理等过程中,可以了解行业、了解经营、了解管理、了解经济、了解政策等。在这个过程中,子女的阅历会越来越丰富,各方面的能力也会得到锻炼。自然,他们对事物的判断会更加沉着稳重,资产管理能力也会提高。而这些都是货币性财富无法提供给子女的东西。

第二，长青企业留给子女的更多的是试错机会。

对于白手起家的创业者来说，其成功固然有自身的原因，如创业者有独门技艺，对市场有敏锐的眼光，兢兢业业，刻苦奋斗，善于思考等。但是不得不说，对于多数人来说，创业的成功也存在很多偶然和时运因素，如发展过程中正好遇到得力干将，一些风险事项正好没有发生等。

对于不少白手起家的创业者来说，他们起步时资源禀赋有限，又缺少管理经验等，不仅自身的抗风险能力弱，在发展过程中对可能存在的诸多风险也缺少评估能力和预判能力。比如，随着企业的发展壮大，它们需要向银行借款。很多企业会认为，只要经营好自己的业务，银行就会提供稳定的贷款。然而，银行贷款的稳定性跟宏观政策有很大关系，在政策收紧的时候，即使经营正常的企业同样会遇到断贷和抽贷风险。又比如，刚开始接触资本市场的创业者并不知道产业投资者和财务投资者的区别，以为投资者就应该跟自己保持相同的想法，其目的是把企业做大做强。这种错误的认知可能导致企业发展不达预期时，投资者的各种要求会让创业者焦头烂额。比如，创业者开展业务的时候，因缺少法务人才，签订的合同常常存在重大遗漏和重大风险，如果这种风险没有发生还好，一旦发生则有可能给企业带来沉重的打击；企业规模较小的时候，对技术人员的评估不足，没有充分绑定他们的利益，当核心技术人员被挖走时，企业的进一步发展会遇到重大挫折；等等。

对于大多数企业来说，在其发展壮大的过程中，往往会经历诸多的第一次，又因缺少各方面人才，很难预知和防范各类风险。因此，对于白手起家的创业者来说，如果以上风险没有发生，那么只能说是幸运。这也是很多企业为什么最难撑过前10年。如果一家企业已经营20～30年，那么这类企业一般都经历过风雨，往往也能表现出较强的抗风险能力和生命力。这类企业如果衰败，多半是因为战略有误、市场环境变化（如新技术的出现）等，而不是和初创企业一样，因初次经历这些事情而缺少风险意识和风险防范能力。

这正是长青企业的重要意义之一。父辈给子女留下企业，如果这个企业是第一代传给第二代，至少已运营三十年，如果是第二代传给第三代，那么可能已运营 50 年以上。这类企业有较强的抗风险能力，能给子女提供稳定的现金流。这些稳定的现金流，不仅有益于缓解子女的焦虑心态，同时也能给子女提供更多的试错机会。子女有一份稳定的现金流来源，就可以更好地沉下心来，慢慢做自己想做的事情。

第三，长青企业会给子孙后代留下精神财富，这有可能让一个家族成为长青家族。

如果读者关注社会阶层的流动就会发现，长青家族有许多路线，如企业路线、学术路线、从医路线、艺术路线、从政路线、从军路线等。例如，有些家族代代出学术界人士，并在各大名校执教；有些家族频繁出实业家；有些家族代代出优秀军人；有些家族代代出名医；有些家族频繁出艺术家；有些家族代代出知名律师；有些家族频繁出政治家；有些家族常常出社会活动家等。这些家族都有一个特性，那就是普遍受过良好的教育，有使命感，有荣誉感，所做的工作能为社会创造价值，同时也能成就自我。

长青企业的意义也在于此。长青企业除了可以保障子孙后代拥有更为充裕的生活和更好的教育机会之外，更为重要的是，还可以给子女留下荣誉感、使命感等精神财富。

良好的教育、得体的生活，以及荣誉感和使命感是一个人可以专注事业，在事业上获得成就的关键因素。财富、教育、荣誉感和使命感融合在一起，会给一个人带来长远的眼光、较高的格局和坚忍不拔的毅力。这也是一个人受尊重和敬佩的核心原因。自然，具备这类因素的家族也更容易生生不息，可能逐渐迈向上流社会，甚至是稳定在上流社会。

很多时候我们把存活 100 年以上的企业叫作长青企业。从统计数据来看，存活 100 年以上的企业少之又少，即使在长青企业最多的日本，这类企业占企业总数的比重也仅在 2% 左右，但是从家族崛起的角度来看，50～80 年的时间就足够了，足以让家族成员脱胎换骨。而在一个经济体中，存活 50 年以上的企业多如牛毛。如果一家企业在行业内已经立足，那么还是有很高的概率存活 50 年以上的。

从接班特性来看，存活 50～80 年的企业恰恰是权力交接到第三代或第四代的阶段。对于此类企业来说，第一代的崛起可能源自毅力、耐力、智慧，以及一些时运；第二代普遍受过较好的教育，有更高的起点，会因父母的成绩而骄傲并产生一些使命感；从第三代开始，家族给他们留下的除了富足的生活、良好的教育机会以外，还有家族的骄傲，他们在这种骄傲下会产生较强的荣誉感和使命感。或许，对于家族企业来说，这才是长青企业最重要的意义所在，那就是它会给子女留下荣耀和自豪，这是比财产继承更为宝贵的财富。

从企业的生命周期来看，没有一个企业能永续生存，很多长青企业最终都可能走向没落。但这些长青企业在漫长的岁月中，已经培养了诸多优秀的家族成员，其中有些活跃在学术领域、医学领域、艺术领域、政治领域，成为社会活动家……

或许也有一些家族随着家族企业的没落而着没落，其家族成员未能顺利转型成其他领域的精英人士。但是，祖辈只要给子孙留下过荣耀，那么这份家族骄傲还是会促使他们提高站位、发愤图强。或许不久，这些家族中的某一个家族成员会重振家族。

参考文献

[1] 吴心伯. 后冷战时代中美关系研究范式变化及其含义——写在中美建交40周年之际[J]. 世界经济与政治, 2019(01): 5-15+156.

[2] 李巍. 从接触到竞争: 美国对华经济战略的转型[J]. 外交评论, 2019, 36(05): 54-80+6.

[3] 吴敬琏. 中国经济改革进程[M]. 北京: 中国大百科全书出版社, 2018.

[4] 吴敬琏, 马国川. 重启改革议程——中国经济改革二十讲[M]. 北京: 三联书店, 2016.

[5] 国家发展改革委宏观经济研究院经济研究所. 改革: 如何推动中国经济腾飞[M]. 北京: 人民出版社, 2019.

[6] 李义平. 经济学百年(第三版)从社会主义市场经济出发的选择和评介[M]. 北京: 中国人民大学出版社, 2014.

[7] 韩龙男. 投资护城河——经济环境变化与企业竞争力重塑[M]. 北京: 企业管理出版社, 2022.

[8] 复旦大学世界经济研究所"90年代以来美、日、欧发展模式"课题组. 制度变迁与结构调整:90年代以来大国经济发展轨迹[M]. 太原: 山西经济出版社, 2006.

[9] 白永秀, 宁启. 改革开放40年中国非公有制经济发展经验与趋势研判[J]. 改革, 2018(11): 40-48.

[10] 朱鹏华, 王天义. 民营经济是我国经济制度的内在要素——习近平总书记关于社会主义基本经济制度的创新和发展[J]. 中共中央党校(国家行政学院)学报, 2020, 24(04): 29-36.

[11] 董大伟. 改革开放以来中共非公有制经济政策的演进研究(1978—2016)[D]. 北京: 中共中央党校, 2017.

[12] 庄聪生. 中国民营经济四十年: 从零到"五六七八九"[M]. 北京: 民主与建设出版社, 2018.

[13] 周天勇, 张弥. 经济运行与增长中的中小企业作用机理 [J]. 经济研究, 2002(04): 76-83+95-96.

[14] 李巍, 张梦琨. 空客崛起的政治基础——技术整合、市场拓展与战略性企业的成长 [J]. 世界经济与政治, 2021(11): 4-37+156.

[15] 李俊江, 史本叶. 美国国有企业发展及其近期私有化改革研究 [J]. 吉林大学社会科学学报, 2006(01): 114-120.

[16] 李志祥, 张应语, 薄晓东. 法国国有企业的改革实践及成效 [J]. 经济与管理研究, 2007(07): 84-88.

[17] 常辉. 20世纪西方大国资本主义国有经济研究 [M]. 北京: 人民出版社, 2016.

[18] 高书国. 中国扫盲工作的成就与经验 [J]. 基础教育参考, 2014(07): 12-18.

[19] 马尔萨斯. 人口论 [M]. 陈祖洲、欧阳萍、龙小彪, 等译. 西安: 陕西人民出版社, 2013.

[20] 贾雷德·戴蒙德. 枪炮、病菌与钢铁 [M]. 王道还、廖月娟, 译. 北京: 中信出版社, 2022.

[21] 彭佩云. 中国计划生育全书 [M]. 北京: 中国人口出版社, 1997.

[22] 李建伟, 周灵灵. 中国人口政策与人口结构及其未来发展趋势 [J]. 经济学动态, 2018(12): 17-36.

[23] 郑秉文. 中国养老金精算报告 (2019—2050) [M]. 北京: 中国劳动社会保障出版社, 2019.

[24] 张文显. 中国法治40年: 历程、轨迹和经验 [J]. 吉林大学社会科学学报, 2018, 58(05): 5-25+204.

[25] 张文显. 法治与国家治理现代化 [J]. 中国法学, 2014(04): 5-27.

[26] 何勤华, 齐凯悦. 法制成为法治: 宪法修改推进社会主义法治建设 [J]. 山东社会科学, 2018(07): 5-15.

[27] 盖地. 简论纳税人意识 [J]. 财会学习, 2010(05): 17-19.

[28] 巫云仙. 美国金融制度的历史变迁 [M]. 北京: 社会科学文献出版社, 2017.

[29] 李俊, 张炜, 王光. 德国担保银行业的发展及启示 [J]. 国际金融, 2012(03): 65-67.

［30］傅勇.德国中小企业融资体系研究[D].北京：中国社会科学院研究生院，2017.

［31］施锦芳，郑晨，赵梓瑞.日本中小企业融资体系及其对中国的启示[J].日本研究，2015(04)：59-65.

［32］杨晓庆.日本韩国中小企业融资研究[D].长春：吉林大学，2013.

［33］蔡万科，唐丁祥.中小企业债券市场发展：国际经验与创新借鉴[J].证券市场导报，2011(12)：58-64+73.

［34］吴晓求，方明浩.中国资本市场30年：探索与变革[J].财贸经济，2021，42(04)：20-36.

［35］郭映江."竞争中性"原则下的国企与民企融资差异[J].金融市场研究，2021(04)：69-75.

［36］李霄峻.融资结构优化与经济高质量发展[J].西部金融，2021(07)：3-9+18.

［37］易纲.再论中国金融资产结构及政策含义[J].经济研究，2020，55(03)：4-17.

［38］王晋斌."三十而立"的中国资本市场回顾与展望[J].人民论坛，2020(36)：90-93.

［39］牛建军，汤志贤.关于韩国中小企业融资支持体系的分析与思考[J].中国城市金融，2018(09)：26-29.

［40］白钦先，张磊.战后日本金融结构变迁：影响及对中国的借鉴意义[J].哈尔滨工业大学学报(社会科学版)，2014，16(01)：102-109.

［41］郑蔚.日本"传统型"向"市场型"间接金融转化的经济分析[J].现代日本经济，2010(04)：10-16.

［42］张承慧.优化融资担保商业模式 提升融担体系服务效率[J].金融论坛，2019，24(07)：3-8+39.

［43］特伦斯·迪尔，艾伦·肯尼迪.企业文化——企业生活中的礼仪与仪式[M].李原，孙健敏，译.北京：中国人民大学出版社，2020.

［44］弗里德里希·奥古斯特·冯·哈耶克.通往奴役之路[M].王明毅，冯兴元，马雪芹，等译.北京：中国社会科学出版社，2016.

［45］韦森.社会秩序的经济分析导论[M].上海：上海三联书店，2001.

［46］袁凌.西方企业文化理论的兴起与我国企业文化模式的重构[J].国外财经，2001(04)：71-74.

［47］陈树强．美国的历史性社会福利法案 [J]．中国社会工作，1997(03)：61．

［48］王中义，张思韡．企业文化与企业宣传：第二版 [M]．北京：北京大学出版社，2015．

［49］阚治东．日本公司企业分配制度简介 [J]．外国经济与管理，1989(04)：23-24．

［50］王勇，艾凤义．家族企业原理 [M]．北京：北京理工大学出版社，2013．

［51］崔志鹰，朴昌根．当代韩国经济 [M]．上海：同济大学出版社，2010．

［52］熊泽诚．日本企业管理的变革与发展 [M]．黄咏岚，译．北京：商务印书馆，2003．

［53］诺斯．制度、制度变迁与经济绩效 [M]．杭行，译．上海：上海三联书店，1994．

［54］陈海莹．"韩国病"的政治解读：韩国现代化进程中的反腐败研究 [M]．北京：中国社会科学出版社，2015．

［55］梁能．公司治理结构：中国的实践与美国的经验 [M]．北京：中国人民大学出版社，2000．

［56］克林·盖尔西克．家族企业的繁衍：家庭企业的生命周期 [M]．贺敏，译．北京：经济日报出版社，1998．

［57］王连娟．家族企业接班人选择 [M]．北京：中国社会科学出版社，2010．

［58］明道．乔布斯全传活着就是为了改变世界 [M]．北京：中国华侨出版社，2013．

［59］唐·索德奎斯．沃尔玛不败之谜 [M]．任月园，译．北京：中国社会科学出版社，2009．

［60］丹尼尔·A.雷恩，阿瑟·G.贝德安．当代资本主义研究丛书：西方管理思想史（第六版）[M]．孙健敏、黄小勇、李原，译．北京：中国人民大学出版社，2013．

［61］张莉．中美家族企业治理机制比较研究——基于文化价值观的视角 [M]．北京：经济管理出版社，2017．

［62］杨照．资本主义浩劫时聆听马克思 [M]．北京：中信出版社，2015．

［63］李洪健．同股同权规则的再释义与我国公司股权结构改革 [J]．西南政法大学学报，2018，20(05)：32-43．

［64］杨翔岚．关于我国股份制企业中"同股同权"制度的思考——以阿里巴巴

集团赴美上市为切入点[J].金融经济,2019(14):66-68.

[65] 袁吉伟.家业常青:信托制度在财富管理中的应用[M].北京:中国金融出版社,2022.

[66] 李秀娟,赵丽缦.传承密码:东西方家族企业传承与治理[M].上海:复旦大学出版社,2018.

[67] 仲继银.董事会与公司治理:第三版[M].北京:企业管理出版社,2018.

[68] 仲继银.董事会:公司治理运作精要[M].北京:企业管理出版社,2020.

[69] 仲继银.伟大的公司:创新、治理与传承[M].北京:企业管理出版社,2020.

[70] 陈润,王建平.杜邦家族传[M].北京:中华工商联合出版社,2020.

[71] 后藤俊夫.工匠精神:日本家族企业的长寿基因[M].王保林,周晓娜,译.北京:中国人民大学出版社,2018.

[72] 乔纳森·查卡姆.公司常青:英美法日德公司治理的比较[M].郑江淮,李鹏飞,等译.北京:中国人民大学出版社,2006.

[73] 李方华,李庆场.管理思想史[M].沈阳:东北大学出版社,2003.

[74] 陈润,黄伟芳.亨利·福特家族传[M].武汉:华中科技大学出版社,2019.

[75] 甘德安.血缘·制度·文化:中国家族企业传承[M].北京:经济科学出版社,2017.

[76] 克雷格·E.阿伦诺夫,约翰·L.沃.家族企业治理:家族与企业的平衡和繁荣[M].张晓初,张东兰,吴景辉,译.北京:电子工业出版社,2015.

[77] 魏小军,刘宁辉,何永萍,等.私人财富管理理论与实务[M].北京:企业管理出版社,2020.

[78] 前川洋一郎.匠心老铺:日本750家百年老店的繁盛秘诀[M].陈晨,译.北京:人民邮电出版社,2017.

[79] 韩立红.日本文化概论:第三版[M].天津:南开大学出版社,2018.

[80] 李卓.养子之制与近代日本企业的发展——兼谈中日两国对血缘关系的不同认识[J].日本学刊,1998(02):14.

[81] 李卓.中日家族制度比较研究[M].北京:人民出版社,2004.

[82] 杨春时.中日恩文化之比较[J].学习与探索,2018(01):156-162.